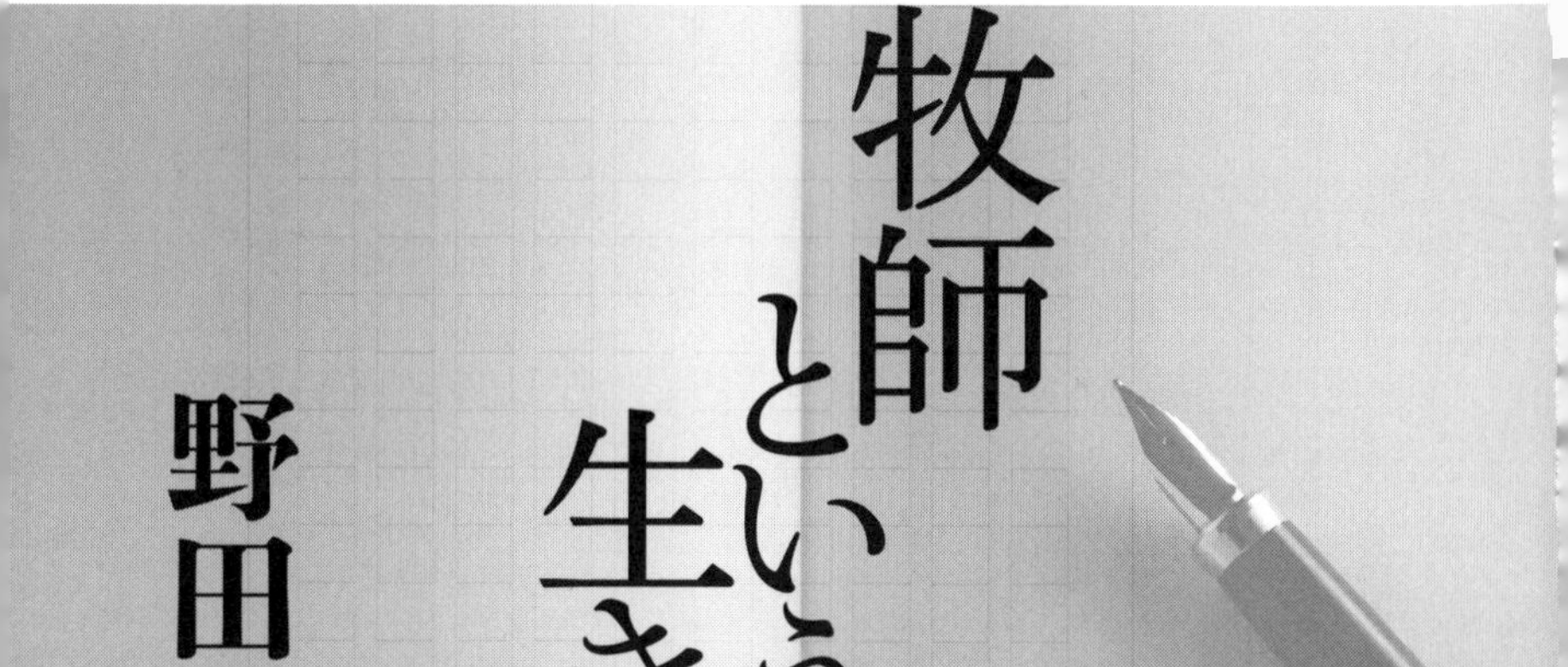

牧師という生き方

野田秀 Noda Shigeru［著］

いのちのことば社

はじめに

『クリスチャン情報ブック』（いのちのことば社）によれば、日本で奉仕する牧師は一万人ほどであることが分かります。

それが多いのか少ないのかはともかく、そのお一人おひとりが、自分が牧師であるということをどう思っているのだろう、牧師になったことに悔いはないものだろうか、心底喜んで生きておられるのだろうか、そんなことを考えることがあります。

一度しかない人生を神にささげたこと、そして牧師として生きていることを喜べなければ、それはたいへん残念なことです。なぜなら、牧師であるということは本来すばらしいことであるはずだからです。にもかかわらず、現実は厳しく、困難を覚えている方々が少なくないことを知っています。

牧師の問題は、そのまま信徒の問題であり、教会の問題でもあります。牧師がどう生きているかは、すぐに信徒に反映するからです。また、信徒の皆さんが牧師というものをどう見ているか、牧師を本当に理解しているのか、それも気にかかることです。

ここに述べることは整理された牧師論ではありません。日本の教会の現実を中心に、筆者が約六十年の牧師人生を振り返り、失敗の反省をもとに、経験したこと、気がついたこと、思うことを紹介したものであり、題目も限られたものにすぎません。しかし、この中のたとえ一行であっても、どなたかの参考や励ましになれば幸いであると思いながら筆を進めました。牧師についての理解を深めるために、信徒の方々にも読んでいただければ幸いです。

本書の前半には、月刊「いのちのことば」誌に連載された証《あか》し、「私の信仰履歴書」を収録しました。これは私の奉仕の底流となる前半生に与えられた神の不思議な導きの証しです。

二〇一八年六月二十日

野田　秀

目次

I　私の信仰履歴書

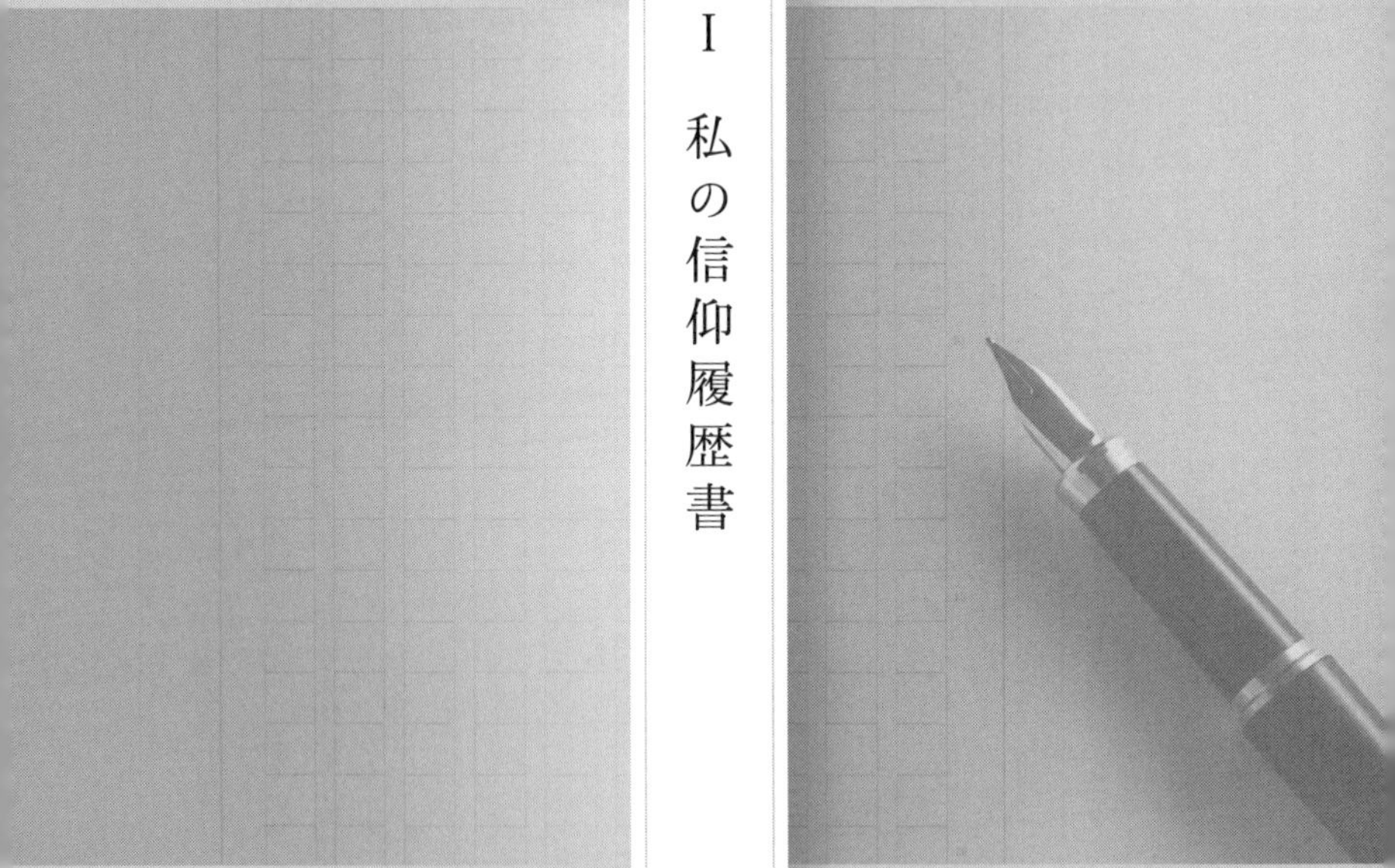

1　神の摂理の不思議

人はだれでも幼少期を過ごした時代に影響を受けて育ちます。中でも〝昭和ひとけた〟と呼ばれる私たちの世代は、その典型であると言えそうです。

〝昭和ひとけた〟の特徴は、何よりも軍国少年少女であったことです。ものを頼まれたら、本当は断りたいのにいやだと言えない傾向を持っているという指摘もあります。服従を美徳とし、周りに気遣いをする気質は、当時の教育と社会的風潮がもたらしたものであり、今なおそれを引きずって生きているところがあります。食べたい盛りに食べられなかったので、血管の膜が薄いなどと言われたこともありました。血管に欠陥ありです。

それらはどんな背景のもとに形成されたものだったのでしょうか。

昭和ひとけたの日本は、アメリカの大恐慌の影響を受けて不況に陥り、私が生まれた一九三二年（昭和七年）には犬養首相が暗殺された五・一五事件が起きました。それから軍部が台頭を始めたのです。ドイツではヒトラーがその力を増し、世界が戦々恐々とした空気に包まれていきました。日本は軍国主義一色に塗り固められ、日中戦争、第二次世界大戦へと突き進んでいくのです。

奔流のようなその流れの中で、この時代の少年少女は、否応なしに「神国日本」の子どもであることに誇りを持ち、天皇のため、国のために死ぬことをいさぎよいこととして教えられました。子どもたちはものごとをよく理解しないままに、理解できないからこそそう信じたのでした。当時の子どもたちが持っていた情報量は、おそらく現代の子どもたちの百分の一にも満たなかったでしょう。

戦後に人間味あふれる作品を残した良識ある作家の城山三郎と藤沢周平が、ある対談の中で、ともに自分は軍国少年であったと語っています。この二人は昭和二年の生まれです。これによっても、軍国主義というものが当時の少年たちをいかに強くとらえていたかということがよく分かります。

私の場合は、それに加えて家庭の背景がその後押しをしました。父が職業軍人だったからです（父は戦後、八十二歳で母とともに私の手から洗礼を受けます）。

父が軍人の道を選ぶに至るきっかけは、義理の兄（父の姉の夫）が一九三六年（昭和十一年）に起きた二・二六事件で暗殺された渡辺錠太郎大将であったことにあります。その娘がベストセラーとなった『置かれた場所で咲きなさい』（幻冬舎）を著したカトリックのシスターの渡辺和子さんであり、一昨年、天に帰られました。私たちはいとこ同士なのです。

そういう環境ゆえに私の兄も軍人になり、私も、当然すぎるほど当然に、同じ道を歩もうとしていました。学校では教師が「アメリカの大統領はルーズベルトだ。名前の意味は、だらしのないベルトということだ」と滑稽なことをまじめな顔で話し、子どもたちの戦意高揚に努めていました。そんな時代だったのです。

中学一年の夏、一九四五年（昭和二十年）の八月十五日、いよいよ目指す陸軍幼年学校の入学試験を受けようとしていた二日前に、突然のように戦争が終わりました。天皇の玉音放送でそのことを知り、茫然と私は外に出ました。その時、見上げた真っ青な夏の空をＢ29が飛行機雲をなびかせながらゆうゆうと飛んで行った光景が今も目に焼きついています。後日そんな話をしたところ、ある人から「人殺しにならずによかったですね」と言われました。そうかもしれません。しかし、その幸いと裏腹に、この日から目標のなくなった私の精神的放浪が始まることになります。

それに先立つ一年前、小学六年生のときに、私たち家族は疎開をかねて東京から父の赴任地である宇都宮に転居していました。転校した小学校に行くと、まだ私の机が用意されていませんでした。教師はその日休んだ生徒の机に私を座らせました。翌日、その生徒が登校して来たので、私はまた動かなければなりませんでした。しかし、その日出会った私たちはそれをきっかけに生涯の友となります。その十年後に友は私に続いてイエス・キリストを信じます。その友は、後に横浜山手キリスト教会（日本長老教会）で長年奉仕された森和亮《かずすけ》牧師です。

神の摂理の不思議はしばしば人との出会いに具体化されます。私が経験したその不思議のいくつかを、若かったころを中心に紹介したいと思います。

「ああ、神の知恵と知識の富は、なんと深いことでしょう。神のさばきはなんと知り尽くしがたく、神の道はなんと極めがたいことでしょう」（ローマ一一・三三）

2　神さまが送ってくださった使者

本書の発行元である、いのちのことば社の本社は、東京の中野にあります。中野は私にとって懐かしい土地です。それは幼少期をそこで過ごしたからであり、いのちのことば社がある辺りも〝冒険〟と称して走り回った場所ですから、不思議な導きを感じます。

当時の中野駅前は広々と開けた所で、よくサーカスやおどろおどろしい見世物が出ていたものです。〝がまの油売り〟がしぶい声で口上を並べるのを、少年の私はいつまでもそこに立って聞いていました。

しかし、太平洋戦争が始まって間もなく、小学四年生のときにわが家は荻窪に引っ越します。そのことが、将来、私が救われてクリスチャンになる布石になるとは、ただただ神のみぞ知るところでした。それについては、あらためて次項に述べることにします。

ここでは、敗戦によってもたらされた私の精神的放浪について述べたいと思います。なぜなら、それがクリスチャンになる素地の一つとなったことに違いないからです。

前項で少し触れたことですが、私たち家族は一九四四年（昭和十九年）に、東京から宇都宮に転居しました。その一年後の八月十五日に敗戦を迎え、中学一年生であった私は、緊張状態から一気に精神的弛緩《しかん》状態へ追いやられることになります。国民のだれもが、食料は乏しくても、警報におびえる必要がなく、電気をつけて生活できることをどんなに喜んだことでしょうか。その一方で私はそれを受け止めかねていたように思います。

中学一年といえば、十三、四歳です。かつて、ＮＨＫの出版物の中に、その年齢のときに社会的に大きな出来事に直面した人たちは、後々まで、その世代に共通の精神的な影響が残るものだということが指摘されていました。その最も顕著な例として、その年齢で敗戦を迎えた昭和七、八年生まれが「敗戦グループ」と名づけられていたのには苦笑させられました。今にして思えば、この私もまさにその状態に置かれたのでした。

戦後の少年たちが夢中になったものに野球があります。草野球は夢中になれる唯一の楽しみであったからです。道具も満足にそろわない中で、お腹をすかせながら、夕方暗くなるまでボールを追いかけていました。

中学から新制の宇都宮高校に移行する過程で、私は勉学上で一つの壁に突き当たります。サイン、コサイン、タンジェントというあの三角関数が登場したあたりから数学が突然理解不能になり、成績が急降下を始めました。大学受験の時期が少しずつ近づいたある日、受け持ちの先生が心配されたのでしょう、家庭訪問に訪れ、母に「野田くんには何か悩みがあるのでしょうか。哲学にでも凝っているのでしょうか」と尋ねているのを、横の部屋で他人事のように聞いている私でした。

勉学のこともさることながら、それ以上に私は目標を失ってしまい、学ぶ意味も分からないままに、受験勉強にも身が入らない日々をむなしく過ごすばかりだったのです。自覚する以上に、天皇のために、日本の国のためにという使命感が私を強くとらえて放さなかったのでしょう。天皇に替わって主イエス・キリストが私の前に立ってくださるまで、その状態は続くことになります。

そんな私を見ながら、私の気がつかないところでひそかに心配してくれている人がありました。小学校からの友であり、この間まで草野球の仲間であった大場廣《ひろし》くんです。ある日、彼が黙って新約聖書を手渡してくれました。彼はクリスチャンであったわけではありません。しかし、ご両親が聖公会のメンバーであったので、私よりずっと前から聖書を知っており、聖書が私の支えになるのではと考えてプレゼントしてくれたのでした。そのときの私はそれをどう受け止めたらよいか分からずに戸惑うばかりであり、黙ってそれを受け取ったように記憶しています。

大場くんは後に医師となり、長く水戸の日赤病院の院長を務めましたが、六年前に難病のために亡くなりました。病床に彼を訪ね、感謝を表し、証しをさせていただけたことを神さまに感謝しています。大場くんは私をキリスト教に触れさせてくれた最初の人であり、あらかじめ神さまが送ってくださった使者でありました。

「神よ　あなたはいつくしみをもって
苦しむ者のために備えをされました」（詩篇六八・一〇）

3　人生は出会いで決まる

「人生は出会いで決まる」と言います。「出会い」は偶然にすぎないと考える人がありますが、聖書はそれを神の摂理であると教えます。摂理とは、人の思いや願いを超えた神の計画であり、導きのことです。私は自分の生涯を振り返るときに、心から、神の摂理の不思議に驚き、感謝するのです。

すでに述べたように、小学四年生のころ、わが家は東京の中野から荻窪に引っ越しました。二軒先に美代子ちゃんという二歳下の子がおり、私たちはすぐに仲良しになりました。妹がいなかった私にとって、彼女はちょうどそんな存在であったからです。

戦争が激しさを増してきた一九四四年（昭和十九年）夏に、私たち家族は、宇都宮に疎開をかねて転居します。一年後、戦争が終わり、中学、高校時代に精神的放浪の状態と学業不振に陥った私でしたが、その後、なんとか勉強への意欲を取り戻し、東北大学に入学が許され、仙台で学生生活を送ることになります。

ある時、あの美代子ちゃんはどうしているだろうかと懐かしくなった私は、東京に突然、彼女を訪ねました。その日、別れてから九年近くが経ち、もう「美代子ちゃん」というよりも大人の女性になった「美代子さん」をまぶしく眺めることになります。その後、文通を続けた私たちでしたが、一九五三年（昭和二十八年）三月、春休みに上京した私は、彼女の勤務先のあった有楽町で彼女に会い、喫茶店で語らいの時を持ちました。

その時、美代子さんが「これから教会に行きませんか」と言ったのです。彼女はクリスチャンになっていたのです。あの瞬間、彼女は単なる幼なじみではなく、福音の伝達者へと変わっていたことになります。彼女のそのひとことが私の人生を大きく変えることになるとはつゆ知らず、連れて行かれたのは有楽町駅近くのインマヌエル丸の内教会でした。それが、私がキリスト教会というところに足を踏み入れた最初でした。摂理の神の御手が静かに私に伸べられていたのです。

二百人はいたであろう会衆に混じって座った私でしたが、あまりに大勢の人であり、男性の席と女性の席が分かれていたので、人を意識せずにすんだのは幸いであったかもしれません。その夜、蔦田二雄牧師がピリピ書四章六節（文語訳）を開き、「電車の吊革にぶら下がりながらもピリピ四六《よんろく》、お勝手で夕飯の準備をしながらもピリピ四六と覚えなさい」と話されたことが、今も耳朶《じだ》にはっきり残されています。

これがきっかけとなり、仙台に帰った私にキリスト者学生会（ＫＧＫ）の「夏期学校」（第六回）の案内が届きます。不思議なほどためらうことなく参加を決心したのですが、たった一人で長野県の志賀高原で開かれる集会に参加しようとした勇気は、いったいどこからきたものだったのでしょうか。バッグの中には、高校生のときに大場廣くんから贈られた聖書がありました。

一軒の宿屋さんを会場にして開かれた夏期学校でクリスチャンの大学生たちとともに過ごした五日間は、それまで味わったことのない別世界でした。蔦田二雄牧師、小島伊助牧師といった器たちの語られる説教を十分理解できたわけではなかったのですが、精神的放浪状態にあった私のたましいに、確かに主イエス・キリストがいのちを吹き込んでくださいました。最後の日、私は罪を悔い改め、十字架につかれたキリストを単純に信じて生まれ変わったのでした。それは一九五三年（昭和二十八年）八月七日、二十一歳のときのことでした。その夏期学校で七人の学生が救われ、そのうちの四人が後に伝道者になったと記憶しています。

仙台に帰った私の課題は、出席する教会が定まらないことでした。それはまったく私のわがままによるものだったのですが、そのころの経験が、後に牧師になってからの参考になろうとは考えてもみませんでした。ただ、数人の学生とともに、モーセ・サビナ宣教師の聖書研究会に参加することによって、信仰が保たれたことは大きな幸いでした。

一九五五年（昭和三十年）四月、就職して東京で生活を始めた私は、再び神の摂理の御手にとらえられることになります。

「私は感謝します。
あなたは私に奇しいことをなさって
恐ろしいほどです。
私のたましいは　それをよく知っています」（詩篇一三九・一四）

4　献身の道を踏み出す

大学を卒業したのは一九五五年（昭和三十年）のことであり、日本の敗戦から十年が経っていました。

世の中は落ち着きを増してはいましたが不況のまっただ中にあり、就職も楽ではありませんでした。やっとの思いで東京にある精密機械を扱う会社の事務職員として採用されました。給料は手取り九千円の新米サラリーマンの誕生です。面接の時からクリスチャンであることを明らかにしたのですが、課長が理解を示してくれたので問題はありませんでした（この古沢課長は晩年に鎌倉の教会で洗礼を受けておられます）。

私は背広に身を包んで、武蔵小金井にある兄嫁の実家に寄宿しながら品川まで通うことになりました。その家で、私は兄嫁のお兄さんの河野恒人さんに会うことになります。私より五つほど年長で、スタートして間もない東京フリー・メソジスト小金井教会の受洗者第一号であり、誠実かつ熱心な信徒でした。ある日、いっしょに聖書を学ぼうと誘ってくれました。それから毎晩、ローマ人への手紙を開いて、彼は熱く、そして長く語るのでした。実をいうと、疲れて帰る私にとっては少々迷惑な話でしたが、昭和ひとけたの常で「いや」とは言えませんでした。私の信仰のお里が知れるというものです。

出席する教会が決まっていなかった私は、結局、小金井教会に出席するようになります。この時、また摂理の歯車がコトリと音を立てて回ったことに私は気がついていませんでした。小金井教会は、エバ・B・ミリカン宣教師を中心に青年たちの多く集う教会であり、後の芳賀正牧師が伝道師のころでした。そして間もなく、腰掛け気分で集う私に突然のように信仰の転機が訪れることになります。

その夏、教会は、N・オーバランドという若い宣教師をリーダーにして、隣の武蔵境で五日間の天幕伝道集会を行いました。救われる人が起きないまま五日間が過ぎたとき、宣教師はあと五日しようと言いだしたのです。十日間、集会が継続されたのですが、目に見える結果はありませんでした。なんと宣教師はあと二日やろうと言うのです。都合十二日間の伝道集会が、見えるところでは特別な実りなく終わりました。しかし、不思議なことに、会社の帰りにそこに足を運ぶうちに、ほかならないこの私のうちに何かが起こり始めたのです。

それが何であったたか、ことばに表し尽くせないのですが、内側から突き動かされるような感覚が一日ごとに私をとらえていきました。それは、後に知ることになる、メソジストの先駆けとなったジョン・ウェスレーの「自分の心があやしくも熱くなるのを覚えた」という経験に近いものであったかもしれません。それまでイエス・キリストを信じてはいましたが、喜びのない、冷たくも熱くもない、信仰と生活が分離した状態にあった私に、あらためてキリストによる救いの確信と喜びが与えられた時であったのです。

それからの私は変えられていきました。その年の秋に洗礼を受け、ふつふつと湧いてくる内側の促しに動かされ、自分がどう生きたらよいのかを問うようになりました。主から与えられているこの喜びを伝えるために生涯をささげるべきであるという思いが、日々増し加わっていきました。会社でもそれまで昼休みには碁ばかり打っていたのですが、それからは聖書や信仰書を読むようになりました。一年後に神学校に進むために退職を申し出たときに、古沢課長が「こうなると思っていたよ」と言い、はなむけに課の全員がサインをした革表紙の聖書を贈ってくれました。

こうして大学を卒業して一年後に、考えもしなかったことでしたが、神学校に入ることになったのです。しかも、入学するように勧められたのは、二年前に一晩だけ出席した丸の内教会の蔦田二雄牧師が院長のインマヌエル聖宣神学院でした。ここでも不思議な神の摂理の御手が、ぐるりと大きく回されていたのだと思い知らされます。

まだキリスト教についての理解は浅く、聖書の通読すら満足にできていなかったような信仰の幼い者でしたが、心に迫られるものに押し出されるようにして献身の道を踏み出したのでした。敗戦以来、心を長く支配していた精神的放浪状態から解放され、主に従う喜びに満たされていました。ハレルヤ。

「神はみこころのままに、あなたがたのうちに働いて志を立てさせ、事を行わせてくださる方です」（ピリピ二・一三）

5　神のお扱いを受ける

昭和は、人が〝思いがけない変化〟に驚き、振り回され、目をみはった、そんな時代ではなかったでしょうか。ノンフィクション作家の澤地久枝氏が、「貧しかった者も豊かであった者も、学び得た者も学ぶ機会を封印された者も、昭和の同時代人たちが生き得た時間の内容はきびしい」と書いています（『私の昭和』新潮社、三二―三三頁）。確かに、人々が戦前と戦後の多様な現実と変化の中で懸命に生きたその厳しさは、今となっては簡単に説明できるものではありません。

一方、喜ばしいことに、戦後、福音を自由に伝えることができるようになり、あちらこちらに教会が生まれ、青年たちの中から、救いを与えられ、さらに献身する人たちが起こされていきました。私もそんな一人でした。神の召しを確信してから神学校に入るまで数か月という短さであったために、神学校生活は、信仰の素地の乏しい身には困難を覚えることもありましたが、よき教師と仲間に恵まれ、忘れ難い思い出が多く残っています。

三年間の神学校生活を終えてほどなく、一九五八年（昭和三十三年）に母教会が取り組んだ最初の開拓伝道地に遣わされました。人口九千人の東京都下の多摩村は、多摩川に面し、かつて近藤勇や土方歳三たちが駆け回ったであろう土地であり、教会の前にある鎌倉街道は、新田義貞が鎌倉に攻め下った道でした。

歴史的には由緒ある土地ですが、さしずめ東京の田舎といった風情でした。昭和三十年代は、世間的にも、セピア色の写真になぞらえられる一種不思議な懐かしさを感じさせる時代でした。古いものと新しいものが混在しながら、たとえれば、卵が孵化《ふか》するのを待つような空気が、日本全体を覆っていたと思います。

そんな時代を反映するように、当時のキリスト教会の多くがふつうの家屋を集会場としていましたが、活気に満ちた活動を見せていました。多摩村に伝道を開始した桜ヶ丘教会も、初めは大正時代に建てられた民家が会堂でした。田んぼと畑に囲まれ、住宅はちらほらという地域に遣わされた若く経験もない伝道者は、それからの年々に、神が生きておられることを見せられていくことになります。

大人が導かれて来るには時間がかかりましたが、子どもたちは群れるように集まって来ました。「子ども会」を開き、〝幻灯会〟(今でいうスライド)と立て看板を出すだけで、二百人もの子どもたちがやって来ました。終わって翌日、道を歩いていると、前日来た子どもが私を指さして、「お母さん。ほらキリストが通るよ」と言ったものです。教会の人間がそれだけ目立ったということです。

その後、多摩ニュータウンの造成にともない、村は町に、町は市に変わり、東京で最も都市化した地域として知られるようになります。現在の会堂は、新しくできた三十六メートル道路に面して建てられています。ときどき、「よい所を選びましたね」と言われます。しかし、だれも、将来このようになることを知っていてこの場所を選んだわけではありませんでした。まさに神がお選びになり、私たちに託してくださったとしか言えないのです。

主の大きなみわざを与えられながら、一方で、私には内側に神のお扱いを受ける必要がありました。牧師としていかに不十分であったかは、今思い起こしても顔が赤らむ思いがします。

三十代のある日、夜の集会で、私は声を大にして、私たちはきよくなければならないと説きました。集会後、一人の青年がつかつかとやって来て、こう言ったのです。

「きよくなるということが、先生のようになることなら、私にはいりません」

〝頭の後ろをガーンと殴られたような〟という表現そのものに、私はそこに立ち尽くしました。しかしそれは、牧師は語ったように自分が生きなければ、人の心を動かすことはできないということを、その人を通して主が教えてくださった貴重な経験でした。

十年経ったころに、説教について、妻から言われたことばも忘れられません。

「開拓のころ、あなたの説教は何を言いたいのかよく分かりませんでした。でも、聴いていいて涙が出ました。このごろは少し分かるようになりましたが、涙が出なくなりました」

嗚呼《ああ》。

そのころ、Ｖ・レイモンド・エドマンの『人生の訓練』（いのちのことば社）にふれ、「聖書はこういうふうに読むものか」と目が開かれる思いがしたことを忘れられません。

「ただひとり　大いなる不思議を行われる方に。
主の恵みはとこしえまで」（詩篇一三六・四）

6　牧師としてとても大事なこと

昭和の三分の一は、「一億一心」「万世一系」「八紘一宇《はっこういちう》」というように「一」に帰一されていました。戦後の三分の二は、「多様性」「多数決」「多目的」のように「多」に象徴される時代に変わりました。それは実に大きな変化であったのですが、日本社会はそれを柔軟に受け入れ、いわゆる〝戦後民主主義〟が花開いていきました。しかし、周囲はそうなっても、私自身はそれについていけず、他人がどれほど自分と違った考え方をするものであるかということにすら気がつきませんでした。とにかく、やや偏りを持った牧師による開拓伝道が開始されたのでした。

当時の生活は、あるのは電灯だけで、ガス、水道、お風呂、ガラス戸はなく、電話もありませんでした。そのため、電気代が毎月最低料金だったのですが、不思議にも思いませんでした。ある時、集金の人が、メーターが反対に回っていることに気がつき、それから交換し、正常の支払いをするようになりました。こういうことは、神のあわれみ、神のユーモアと言ってよいのでしょうか。しかし、戦争中の大変さを考えれば、生活上のことはさほど問題ではありませんでした。問題は、自分自身がどういう人間であるかということであり、牧師が務まるのかということにありました。

そのころ、結婚のことはあまり考えていませんでした。ひとりで頑張るのだと力が入っていたのです。しかし神は、そういう私を見ておられ、これでは教会を任せてはおけないとお考えになったのでしょう、一つの考え方に固執しやすい私のために、正反対の女性を備えていてくださったのです。大学生のときに、キリスト者学生会（ＫＧＫ）の仲間であった五十嵐綾子さん（後の土屋順一牧師夫人）が、玉川聖学院の同僚である太田比那子を紹介してくれました。彼女は理科の教師であり、不思議なことに、私が初めて出席したインマヌエル丸の内教会のメンバーでした。

一九六〇年（昭和三十五年）秋に私たちは結婚します。妻は最初の礼拝のことをこう書き残しています。

「礼拝を終わって、さて、私ども二人を除くと礼拝出席者は二名にすぎなかった。二百名以上も出席者のある礼拝にそれ迄《まで》つらなっていた人間にとって、その事は随分ショックな出来事ではなかったか。ところが当の私は何も感じなかったのだから不思議だ」

こんなところに、現実に動かされず、クールにものを見る彼女が表れています。この人と生活をともにするようになって、初めて私は自分と違う見方、考え方、感じ方をする人のあることに気がつくのです。彼女は理系的な考え方の人であり、私は典型的な文系の人間であったからです。その差異は決して小さいものではありませんでした。あまりに違う現実に、それは、かえって二人を楽しませてくれたようでもありました。

結婚して間もなく、こんなことがありました。

みかんの皮をむきながら、ふと妻の手もとを見ると、彼女は〝へた〟のあるほうから上手にむいているではありませんか。子どものころから〝へた〟のないほうからむいていた私は、なぜそっちからむくのかと尋ねました。妻は「こちらからのほうが、すじが取れやすいのです」と答えました。どこまでも合理的なのです。

また、自転車をめぐる出来事もありました。

妻は挑戦したのですが、とうとう自転車に乗れませんでした。私は子どものころから自転車に乗ってあちらこちらへと〝探検〟したものです。妻は自転車が倒れずに走る「慣性の法則」の講義ができます。一方、私はその理屈はよく分かりませんが、自転車に乗ることはできます。どちらがよいのだろうかなどと話すうちに、私は少しずつですが、人間の理解を増していったようでした。それは、牧師としてとても大事なことでした。多様な人々が一つの信仰を持って教会に集まる不思議を、私は自分の結婚生活の中にも見せていただいたと思っています。主は、私のために最もふさわしく、必要な伴侶を与えてくださったのです。

妻は、三年前の秋に「アーメン」の一言を遺してイエスさまのもとに召されていきました。彼女と交わした貴重な経験は、すべて神の温かいご配慮によるものであったと感謝しています。

「ちょうど、からだが一つでも、多くの部分があり、からだの部分が多くても、一つのからだであるように、キリストもそれと同様です」（Ⅰコリント一二・一二）

7　主からお預かりした一生のお仕事

八十五年余生かされてきた自分の生涯を振り返りながら、場所を超え、時をまたいで張り巡らされている神の摂理の不思議さを中心に記してきました。その間、数えきれない人々と出会い、さまざまな経験をしましたが、最後に、こういうこともあるのだと私自身も驚きを覚えた出来事を紹介しましょう。

教会員の一人に水知露子さんという方がありました。かつて、神戸で幼稚園の園長をしておられたとのことで、通りすがりに寄った、開拓間もない教会のオルガニストを務めてくださるようになりました。ただその時点では、この方の信仰がどれほどのものであるかはよく分かりませんでした。しかし、ある夜の集会で、イエス・キリストの十字架についての賛美歌を歌っているときに、突然のように心の内に聖霊の光が差し込み、彼女は劇的な変化を遂げ、変えられたのです。

その後、高齢になり、眼を病みながらも白い杖を手に、一時間以上かけて、礼拝に、祈祷会に、そして早天祈祷会に熱心に通われました。「牧師を叱れるのは水知さんだけだ」と言う人もあったほどの直截《ちょくせつ》な物言いは、それが単なる不満や批判ではなく、熱い祈りに裏打ちされた愛の表現でした。


教会が三十周年を迎えようとしていたころのことです。水知さんが私に、「いとこの夫が佐世保で亡くなったのですが、若いころキリスト教にふれたことがあったので、葬儀をしていただけないでしょうか」と言ってこられました。

そこで、奥様がおられる東京の国立のお宅で葬儀をすることになり、息子さんと娘さんが打ち合わせに来られました。私が「お父上の名前は何とおっしゃいますか」と尋ねると、息子さんが「やまぐちこうしろうです」と答えました。実は、この少しばかりお侍さんのような名前を私は記憶していました。一年間だけ勤めた会社の同じ部屋に山口庚四郎という人がいたからです。でも、ふつうに考えれば、遠い佐世保で亡くなった山口さんが〝あの山口さん〟であるとは、あり得る話ではありません。それがそのときの私の思いでした。

葬儀はご自宅でご家族中心にひっそりと行われました。飾られたお写真も、高齢のせいか、あの山口さんとは少し違うようでした。しかし、葬儀を終えてしまってから、お茶の時に水知さんがあの会社の名前を口にされたのです。やはりそうだったかと「まさか、まさか」と私はびっくりするばかりでした。

そのころ六十歳くらいであられたと思いますが、いつも飄々《ひょうひょう》として、昼休みには碁盤を囲み、私の相手もしてくださったあの山口さん。記憶にとどまっていたその方の葬儀を三十年も後に私が牧師として司式するようになるとは、それは、神のなさる不思議と言うほかないことでした。考えてみれば、山口さんの奥様の聖子さんと水知さんがいとこであったことも、備えられた主の導きでした。このことがきっかけとなり、奥様と娘さんが洗礼をお受けになりました。

さて、人は自分の人生を顧みて何を思うものでしょうか。人それぞれでしょうが、私は、信仰を与えられたことによって、自分の身に起こったことには何一つ無駄がなかったと思っています。万事を益とする主がおられ、自分のような者の人生に、いつも先回りをして備え、導き、助けてくださったからです。

だからといって、牧師でありながら、人の心を傷つけ、失望を与え、責任を十分に果たせなかったことがなかったわけではありません。相談に来た人が、私の応対に業を煮やし、「よそに行ってみます」と立ち上がったときの顔が忘れられません。息子さんのことで訪ねて来たお母さんに、結局何もしてあげられなくて失望を与えた私が、自分自身に失望したこともありました。黙って忍んでくださった多くの方々に祈られて、今日まで福音のために召された者として生きてまいりました。

私は、牧師の働きを職業であると考えたことは一度もありません。これは、主からお預かりした一生のお仕事なのです。これからも失敗をするかもしれません。でも、また驚くような不思議を見せていただけるかもしれません。そんなことを考えながら、あわれみにすがりながら、もう少しだけ頑張ってみようと思っています。

「ですから、これは人の願いや努力によるのではなく、あわれんでくださる神による

のです」（ローマ九・一六）

II 牧師になって考えてきたこと

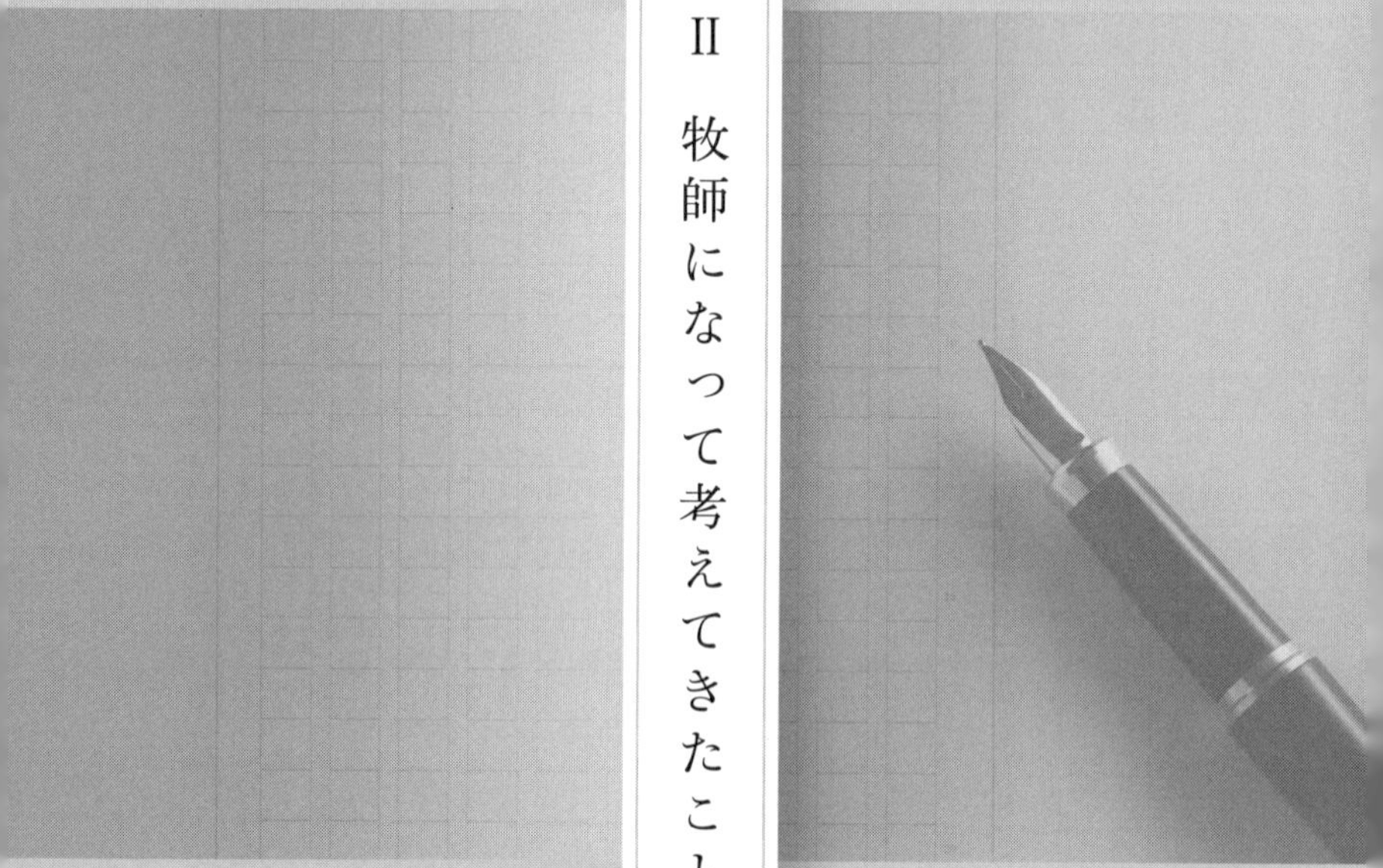

1 〃先生〃と呼ばれることについて

日本では、牧師は一般に〃先生〃と呼ばれます。どんなに若くても、神学校を卒業すると先生になるのです。

かつて先輩の牧師が話してくれた経験ですが、歓楽街で路傍伝道をしていたところ、二階の手すりから見下ろしていた芸者さんから、「キリストの先生！」と呼びかけられたことがあったそうです。それは、キリスト教の先生ということだったのですが、イエスさまの先生だから大したものだと笑って話してくれました。

先生とは、学校の教師、医師、政治家、弁護士、作家、棋士など、さまざまな立場に対して使われる尊称です。私は民生委員を務めたことがありますが、そこでも先生と呼ばれました。先生とは「先に学んだ者」ということであり、だから指導することができるということなのでしょう。

本来、それは立場と能力に対する敬意を込めた呼び方です。しかし、あまりに先生が多くあり、中には先生と呼ばれることを鼻にかける人もあるために、「先生と言われるほどの○○でなし」と、そのことをからかうことばもあるほどです。

作家の藤沢周平が、郷里の山形で小学生であったころのことを書いています。昭和初期のころ、その地方では、神事があると農家ではついた餅を学校の先生に届ける習慣があったそうです。ある時、彼は先生に餅を渡すことができずに持ち帰ってしまいます。理由は、そのやりとりの間に、先生がふだんの先生ではない、どこかただの人といった顔をのぞかせるのに気づくことがあったからだと言っています。純粋で繊細な少年の心が、〝先生〟に抱いていた尊敬や憧れが一時でも損なわれることをきらったのではないでしょうか。

牧師は〝聖職者〟であると言われます。聖職者も、ふつうの人の顔を見せるほうが親しみを感じさせてよいという考え方もありますが、それが人に失望を与えることになってはならないでしょう。
では、聖書では〝先生〟あるいは〝教師〟ということについて、どのように教えているでしょうか。

まず用語を見てみると、主として、ヘブル語では「ラビ」、ギリシャ語では「ディダスカロス」ということばが、先生と教師の両方の意味で用いられています。おおよそ、敬意を表す場合が「先生」、立場や職分を示す場合が「教師」となっているようです。
例えば、ニコデモがイエスのもとに来たときに、次のように言っています。
「先生（ラビ）。私たちは、あなたが神のもとから来られた教師（ディダスカロス）であることを知っています」（ヨハネ三・二。括弧内は筆者）
また、教会の働きのためにある指導的な立場に「教師」があることを、パウロは明らかにしています。
「こうして、キリストご自身が、ある人たちを使徒、ある人たちを預言者、ある人たちを伝道者、ある人たちを牧師また教師としてお立てになりました」（エペソ四・一一）
ここを読むたびに、本来分業であるものを、日本の教会の牧師は、使徒、預言者、伝道者、牧師、教師のすべてを一手に引き受けているようなところがあり、なかなか大変なことだなあと考えるのです。

また、聖書は、教師であること、先生と呼ばれることには、誘惑がともなうことを教えています。

「……人々から先生と呼ばれることが好きです」（マタイ二三・七）

これは、イエスが律法学者やパリサイ人たちについて言われたものですが、牧師にも当てはまることではないでしょうか。先生と呼ばれることには、優越感をくすぐられるものがあり、何か自分が偉くなったかのように錯覚させる魔力のようなものがあるからです。

したがって、聖書は、私たちが教師になることや先生と呼ばれることについて、警戒を与えています。

「私の兄弟たち、多くの人が教師になってはいけません。あなたがたが知っているように、私たち教師は、より厳しいさばきを受けます。私たちはみな、多くの点で過ちを犯すからです。もし、ことばで過ちを犯さない人がいたら、その人はからだ全体も制御

できる完全な人です」（ヤコブ三・一、二）

これはイエスの兄弟であったヤコブのたいへん厳しいことばです。よくない例を彼は教師たちの中にたくさん見てきたのでしょう。それに続く「ことば」についての戒めを読むと、語ることを務めとしている牧師として、えりを正される思いがします。

最後に次のことばを心に留めましょう。

「また、師と呼ばれてはいけません。あなたがたの師はただ一人、キリストだけです」（マタイ二三・一〇）

「見よ、神は力にすぐれておられる。

神のような教師が、だれかいるだろうか」（ヨブ三六・二二）

真に先生と呼ばれる方は主のほかにありません。そのことをよく理解したうえで、必要上、先生と呼ばれているのだと考えれば失敗せずにすむことでしょう。

先生と呼ばれることは、悪魔がイエスを非常に高い山に連れて行ったことに等しいことです。高いところから人々を見下ろす牧師ではなく、人々と同じ目線に立ち続ける謙虚な牧者でありたいものです。

2　数がすべてではない

牧師にとって、数はどうでもよいことではありません。

ここでいう数とは、教会の教勢のことであり、財政のことです。人が何人集まっているかということであり、会計状況がどうであるかということです。それは教会にとって大切なことですから、牧師にとってもどうでもよいことではありません。それは気にかけなければならない、いいかげんに考えてはならないことです。

けれども、牧師がどういう動機で、どんな観点からそれを気にしているかによっては、手放しでそれをよいと言うことはできません。

開拓伝道に従事していたとき、「何人集まっていますか」と聞かれることがいやでした。駆け出しのくせに見栄が邪魔していたのです。礼拝の出席者が一けたのころには、冗談で、「しじゅうさんにん（始終三人、四十三人）です」と答えればよいなどと先輩牧師から言われたものです。

それでも少しずつ人が加えられ、救われて洗礼を受ける人が起こされ、財政的にも豊かさが増していくにつれ、ある満足感、安心感が心を占めるようになりました。いずれにしても、自分の心が数にとらわれていたことに違いはなかったのです。

しかし、ある時、聖書を読みながら不思議に思ったことがありました。それは、パウロが、福音を伝える姿勢において〝大勢〟ということをまったく強調していないことでした。

例えば、彼はこう言っています。

「あなたがたの間でもいくらかの実を得ようと……」（ローマ一・一三）

「何とかして、何人かでも救うためです」（Ⅰコリント九・二二）

「いくらか」とか「何人か」とは、両手の指で数えられるくらいの数を表す言い方です。当時の世界を駆け巡り、ローマからスペインまで行こうとしていたパウロにしては、拍子抜けするような小さなビジョンではないでしょうか。より多くの人を救うために行くのだとか、大きな教会を作るのだということは、彼の思いにはなかったようです。私はパウロのことばに驚きを覚えました。そして、そこからいくつかのことを考えさせられました。

・教会にとって数が大切でないわけではないが、だからといって、教会を数で評価してはならない。
・教会の大きさ、あるいは数は、結果であって目標ではない。
・大きな教会の牧師になることは名誉であり、小さな教会の牧師であることは不名誉であるなどと考えてはならない。
・私たちに必要なスピリットは、一人のたましいに福音を伝え、救われた人を育てることにある。
・いずれにしても、教会を牧師の満足感の道具にしてはならない。

そういえば、イエス・キリストも、九十九匹の羊を野に残して一匹を捜す羊飼いの話をなさっています。数にとらわれると〝一人〟を忘れます。

救われる人が少なくてよいのではありません。「神は、すべての人が救われて、真理を知るようになることを望んでおられます」（Ⅰテモテ二・四）とありますから、私たちは、一人でも多くの人が救われるように懸命に努めなければなりません。パウロも、「それは、私を通してみことばが余すところなく宣べ伝えられ、すべての国の人々がみことばを聞くようになるためでした」（Ⅱテモテ四・一七）と言って、その宣教のビジョンを明らかにしています。

けれども、そのことと、教会の大きさで一喜一憂することとは別の問題であることを忘れてはならないと思います。

パウロのことばは、私の意識にも変化を与えました。それからは、少しずつではありますが、数にとらわれない働きができるようになったと思っています。

教会にとって数が大切でないのではありません。ビジョンを持つ必要、また、より多くの人を救いに導くという意味で数が意識される必要があるでしょう。しかし、教会にとって、数がすべてではないのです。牧師は信徒にもそのように教え、教会が数に踊らされないようにしなければなりません。

3　都会の教会と地方の教会

都会にある教会と地方にある教会に違いはあるでしょうか。

大いにあると思います。都会の教会も地方の教会も、キリストの教会であることに違いはありませんが、現実には大きな違いがあります。

チャールズ・E・ジェファソンの『牧会と説教者』（いのちのことば社）の中に、都会の教会と地方の教会が対比されて、このように書かれています。

「都会の多くの教会は、かつては全く知らなかった人々によって成立しているが、互いに知り合おうとしない。村の多くの教会は、互いに知り合っている人々によって成立しているが、かえって互いに知りすぎていることを悲しむ」（五六頁）

これは、十九世紀から二十世紀にかけてのアメリカの教会について言われているのですが、たいへん鋭い観察だと思います。

私自身は、半世紀にわたって、東京の村から町、町から市に変わった土地で一つの教会の建設に当たりましたので、その両方を体験したわけであり、著者の指摘に特に考えさせられました。そして、晩年になるにつれて、日本の地方の教会に対する関心が強くなり、困難な状況の中にある教会を訪れる機会も増えました。

そこで知った、地方の教会と都会の教会の違いがいくつかあります。

日本の地方にある教会は、
▽**決定的に教会に集う人が少ない。**
もともとその地域に住む人が少ないのですから、それは当たり前のことです。そして都会と違って人の動きが小さいのです。
▽**教会員の高齢化が進み、しかも、子どもや若い人の出席が少ない。**
かつては、地方の教会で救われた青年が都会の教会に吸収されてしまうことが話題とされましたが、現在は青年が集うことそのものに難しさがあるようになりました。
▽**結果的に、それは、財政的に困難になることを意味している。**
教会の財政を担っているのは、高齢の人々であることが多く、その数が次第に少なく

なっていくからです。

▽そのために、伝道者とその家族の経済に負担が増し、牧師が副業を持たなければならないようになる。それは当然、教会の現実に反映する。

▽地方には、日本の因習が依然として強く存在しており、教会はそれと戦わなければならない。

▽困難を覚悟して地方の教会に赴く若い伝道者が少ない。

▽しかも、こうした地方の教会の厳しい現実は、思うほど知られていない。

国外で奉仕する宣教師のことは紹介されますが、国内のことはかえって知られることがないのです。

参考に、地方の教会の牧師の声を紹介しましょう。

「一年のうち約半分を雪に閉ざされる北国への赴任は厳しい。財政的に苦しい小教会は謝儀も十分ではない。……ようやく牧師が赴任して喜んでも二年も経たずに教会がごたごたしてまたすぐ辞任してしまう」（『伝道と神学』Ｎｏ．７、東京神学大学総合研究所、二〇一七年、四二頁）

ここに「ごたごた」とあります。教会にごたごたが起きたときに、地方の教会は都会の教会以上に難しさが大きいのではないでしょうか。都会の教会ならば多数にまぎれてしまう課題も、地方では少数ゆえに一人ひとりがその渦に巻き込まれてしまう比率が高いからです。地方の教会の困難は、こんなところにもあるのではないでしょうか。

地方の教会と都会の教会を単純に比較できるものではなく、もちろん、ここに述べたことがすべてでもありません。また、日本の雪国や過疎地で懸命に奉仕する伝道者があることも忘れてはなりません。地方で分裂を経験した教会の牧師が、「信徒が一人しか残らなかったのではなく、主が残してくださった一人がいる」と思ったと書いています（『第十七回シンポジウム「地方伝道を考える――自立と連帯――」報告書』北関東神学研修センター、二〇一七年、六〇頁）。この健気なスピリットには頭の下がる思いがします。彼らは牧師であるということに誇りを持って、今日も困難の中で健闘しているのです。

だからといって、このままでよいのではありません。こういう牧師の方々の犠牲を、他人事としてはならないのです。少なくとも、都会の教会ははるかに恵まれていることを理解し、地方の教会のために祈り、苦労を少しでも分担したいものです。

4　イエス・キリストを知ることについて

ペテロは、「神と、私たちの主イエスを知ることによって、恵みと平安が、あなたがたにますます豊かに与えられますように」（Ⅱペテロ一・二）と祈っています。

パウロは、「それどころか、私の主であるキリスト・イエスを知っていることのすばらしさのゆえに、私はすべてを損と思っています」（ピリピ三・八）と証ししています。

また、イエス・キリストご自身も、十字架を前にした祈りの中で、「永遠のいのちとは、唯一のまことの神であるあなたと、あなたが遣わされたイエス・キリストを知ることです」（ヨハネ一七・三）と言っておられます。

主イエス・キリストを知ること、これはキリスト教信仰の基礎であり、目標でもあります。ですから、キリスト教信仰は、イエス・キリストを知ることにかかっていると言ってもよいでしょう。そして、牧師の使命は、人々にイエス・キリストを知らせること、教えること、示すことであるということになります。

にもかかわらず、意識や関心が別のことに傾いてしまい、イエス・キリストに注目することをおろそかにしていることがあります。私自身がそうであったと悔いているのです。例えば、教会に問題が起きたときに、その解決のために右往左往しても、神に助けを求めて祈りながらも、本当の意味でそこにキリストを意識し、キリストがどう働いてくださるかを見ようとしていなかったことに気がつくのです。

▽**主イエス・キリストを知ることは、まず、頭の理解から始まります。それは「イエス・キリストについて知る」ことです。**

イエス・キリストとは、「イエスがキリストである」ということなのだと私が理解したのは、いつのことだっただろうかと考えても思い出すことができません。しかし、それを名前と苗字くらいにしか理解していなかった者も、どこかで「ああ、そういうことだったのか」とうなずいたときがあったのです。

キリストが人として地上を歩まれたときでも、その弟子たちですら、この方を正しく知っていたわけではありません。

私たちの場合、イエス・キリストについての理解は聖書から与えられます。聖書六十六巻のどこを開いても、そこにキリストのお姿を見ることができるというのが、私たちの信仰です。聖書の中で主にお会いするのです。

▽主イエス・キリストを知ることは、さらに心とたましいの理解へと進みます。

牧師がその働きの中でいちばん多く歌う賛美歌は、おそらく「いつくしみ深き」（『教会福音讃美歌』いのちのことば社、四三二番）ではないでしょうか。これほど親しまれ、愛されている賛美歌はないからです。

作詞者が悲嘆のただ中で知ったイエス・キリストの愛と慰めは、この世の何ものによっても与えられないものであることを、この歌は教えてくれます。葬儀の時など、私はこの賛美歌を歌いながら、あえて自分の思いの中で、「友なるイエスは」のところを、「共なるイエスは」と歌い替えることがあります。

牧師は、人と分かち合うことができない、それが許されないことを、ひとりで背負っていかなければならない働きです。だれかに話せれば少しは楽になるときにも、そうしてはならないことがあります。私には、ある人について、伴侶にも明かせなかったことがあります。いわゆる守秘義務の問題です。その時は、心の中で妻にわびながら、夫としてよりも牧師として歩むことを選択しました。とにかく、つらい、苦しい経験のただ中にありながら、それでもイエス・キリストが友であり、共にいてくださることを知っていることによって牧師は支えられるのです。

牧師はその働きの性質上、絶えず問題に直面します。そのたびに、「こんな時、イエスさまならどうお考えになるだろう」「イエスさまならどうなさるだろう」「イエスさまなら何と言われるだろう」と、その問題を主に共有していただくのです。課題を前に置いて主と語り合うのです。そういう経験の中でこそ、私たちは、さらに深くイエス・キリストを心とたましいにおいて知るのです。

「『キリストを知る』というパウロの願いは、キリストのいのちと自分のいのちが一つになるという願望です。その結果、パウロはイエスから離れることなく、イエスもまたパウロから離れることはできません。二人は一つになるのです。本質においてではなく、交わりにおいて一つになるのです」（デニス・F・キンロー『エマオの道で』福音文書刊行会、六一頁）

5　人を知るということⅠ

詩篇八篇四節にある「人とは何ものなのでしょう」というダビデのことばは、教会で語られる牧師のあらゆる説教の根底にあるものであると言ってよいでしょう。

この詩篇においては、それは、人に与えられている神の顧みと祝福の豊かさを意味しているわけですが、もう少し拡大して解釈すれば、人の持っているあらゆる不思議と現実に向けられた問いであると言えます。牧師は、この問いに答えるために、人とはどういうものであるかを知る必要があります。

私は二十代後半に牧師になったのですが、その時点で、人というものをあまりに知らなすぎました。それは、少年時代に受けた軍国主義に偏った教育と、当時の社会の風潮によって、ものごとを自由に、広く考えることができなかった結果でした。悲しいかな、人間観の狭さに気がつかないまま牧師になったものですから、しばらくは悪戦苦闘しなければなりませんでした。自分のことすら、よく分かってはいなかったのです。「世間知らず」「人間知らず」「自分知らず」な牧師でした。

牧師は人を相手にする仕事ですから、人というものを知らなければなりません。人とはどういうものでしょうか。

▽まず、人はすばらしいものです。

人は神の最高傑作です。何しろ神の姿に似せて造られたのですから。肉体の構造と機能に見るすばらしさ、幾多の発明や発見、芸術や創作に示される知的なすばらしさ、互いに愛し、親しみ、喜びと悲しみをともにする人格的なすばらしさに接するときに、創造者の知恵と力に驚嘆し、これは神さまにしかできないことだと感じ入るのです。「天使のようだ」などと表現される赤ちゃんや幼い子どもの持つ汚れのない姿は、人のすばらしさの極みです。

▽人は怖《おそ》ろしいものです。

人は神の最高傑作です。しかし悲しいことに、罪のために、神の作品にふさわしくない怖ろしい性質を持つようになりました。パスカルは、「人間はなんという怪物であることか」と言ったそうです。

例えば、歴史上繰り返された、戦慄するような数多くの虐殺は、人間の負の面を最もよく表しており、現在でも地球上のあちらこちらで見られる現実です。二十世紀、二十一世紀だけを考えても、いったいどれだけの人が世界中で無残に殺されたことでしょうか。それは残酷な行為であるとともに、一人の人格というものが、徹底的に無視されたことでもあります。しかもそれは、聖書の中にも記録されていることであり、聖書が裏づけている人間の一面なのです。

▽人はおもしろいものです。

人には違いがあります。クリスチャンであっても、バルナバとパウロのようにそれぞれに個性があり、同じように見えても違うものです。違いは紛争の原因にもなりますが、人の持つ違いに接して、おもしろいものだなあとしみじみ思うことがあります。人によって、笑うところが違い、怒るところが違い、感動するところが違うからです。よく知られた話ですが、織田信長は「鳴かぬなら　殺してしまえ　ほととぎす」、豊臣秀吉は「鳴かぬなら　鳴かせてみせよう　ほととぎす」、徳川家康は「鳴かぬなら鳴くまで待とう　ほととぎす」と言ったとか。だれかの創作でしょうが、人の性格の違いは確かにおもしろいものだと思います。

▽人は愚かで弱いものです。

聖書の中で、人がどういうものであるかをよく描いているのは箴言です。ソロモン王が、彼に近づくさまざまな人を観察しながら、その経験をもとに書いたのが箴言です。これを読むと、ソロモンが、「人間とは愚かで弱い者だなあ」と思っていたであろうことが想像できます。「人を偏り見るのは良くない。人は一切れのパンで背く」（二八・二一）とあります。人には、他人への偏見を持つ愚かさと、切羽詰まった欲求のためには背いてしまう弱さがあることが分かります。とにかく、だれかが言ったように、「人とは厄介な生き物」です。戦争に行って無残な殺戮《さつりく》を繰り返した人が、故郷に帰れば、まことによき夫であり父であるという現実がよく指摘されます。

人を知ることは易しいことではありません。しかし、人をよりよく知る者こそ、人をとらえることができるのではないでしょうか。牧師であるということは、人を知る必要があるということです。手始めに、自分で自分をどれほど知っているか、分かっているかということから考えてみてはいかがでしょうか。

6　人を知るということⅡ

人を知るということについて、むしろ「人間を知る」と言ったほうがよいかもしれない一般的なことについて述べました。そこでここでは、少し見方を変えて、人を個人的に知ることについて考えてみましょう。

私がそうなのですが、多くの場合、私たちは、他人をずいぶん誤解し、半端にしか知っていないのではないでしょうか。半端に知るとは次のようなことです。

ドイツの詩人、劇作家のフリードリヒ・フォン・シラーの作品に、「ヴィルヘルム・テル」（ウィリアム・テル）があります。

自分に反抗するテルをこらしめようとして、悪代官ゲスラーは、弓の名手であるテルに息子の頭にのせたリンゴを射落とすように命じます。息子を殺してしまうかもしれない緊張の中で、テルは見事に矢をリンゴに命中させます。

私がある時まで聞き知っていたお話はそこまででした。それで全部であると勝手に思い込んでいたのです。しかし、その後、実はその続きがあり、そこにこそ作者のメッセージがあったことを知ったのです。

代官はテルの腰にもう一本の矢があるのに気がつき、「その矢は何のためにあるのか」と聞きます。テルは「もし私が息子を殺してしまうようなことがあれば、この矢はあなたの胸元に飛んで行くはずでした」と答えるのです。テルは代官の怒りを買い、捕らえられて引き立てられて行きます。息子は「お父さん、お父さん」と言って後を追おうとします。その時、テルは天を仰ぎ、両手を高く挙げて言うのです。

「お前のお父さんは天におられるのだよ。これからは、その方をお父さんと呼ぶがよい」と。

かつての私はこの物語を半端にしか知っていませんでした。それだけ感動も半端だったことになります。

おそらく、私たちがお互いに人を知るということは、これに近いことではないでしょうか。もともと人は他人の心の中をのぞくことはできません。人が何を考えているか、お互いに分からないのです。神が人をそのように造られたからです。

仮に人が互いに他人の心が見えるとしたらどうだろうか。そんなことを考えることがあります。「どうぞごゆっくり」と言いながら「早く帰らないかなあ」と思っている。「かわいい赤ちゃんですね」とほめながら、「やっぱり家の孫のほうがかわいい」と思っている。その心が相手に知られるとしたら、世の中は大変なことになるのではないでしょうか。

実際、いちばん身近な家族のことすら表面しか見えていないために、年ごろの子どもから、「お父さんは（お母さんは）私のことが少しも分かっていない」などと言われる親が少なくありません。子どもも親の苦労が分かっていないとすれば、親子がお互いに半端にしか分かっていないことになります。

牧師が教会のメンバーのことをどこまで知っているか、知らなければならないかという点でも、それは同じことです。

もちろん牧師は個々の人々がどういう人であるかを、ある程度まで知ることはできますし、知る責任があります。けれども、残念ながら、やはり不十分にしか知ることができないのです。牧師が「あの人はこういう人だ」と分かったつもりでいても、それが正確でなく十分でないことは少なくありません。だから、「牧師は私のことが分かっていない」ということも起きるわけです。私も経験したことですが、教会に来なくなった人が「牧師は人の気持ちが分かっていない」と言っていたことをほかの人から聞かされ、自分が情けなくなったことが一度ならずありました。

人の心の問題に向き合う牧師ですが、人のことを十分に理解できるものではありません。だからといって、人の気持ちは分からないと開き直ってよいものでもありません。それでは牧師の責任を放棄することになるからです。

それを承知しながら、そうであればこそ、牧師は人を信頼するのです。騙《だま》されることや失望させられることもありますが、それらを通して牧師は人を知り、人を信頼することを学んでいくのです。とにかく牧師であるということは、人を知るという楽しい学びを一生続けることができるということなのです。

7　聖書を語る

この項では、牧師の大切な務めである〝説教〟について述べてみましょう。

未熟であった若いころの私の説教は、振り返って、あれは説教ではなく〝お説教〟にすぎなかったと反省し、忍んで聞いてくださった方々に感謝するばかりです。それは、上から目線で「こうあるべきだ」「こうあれ」とばかり叫んでいたように思うからです。

説教とは何でしょうか。

説教には定義も形もいろいろあると思いますが、その目指すところは〝キリストの奥義〟を語ることにあると思います。

パウロは言っています。

「神がみことばのために門を開いてくださって、私たちがキリストの奥義を語れるように祈ってください」（コロサイ四・三）と。

ついでながら、〝奥義〟については、ほかに次のことばがあります。「みこころの奥義」（エペソ一・九）、「福音の奥義」（同六・一九）、「信仰の奥義」（Ⅰテモテ三・九）、「敬虔の奥義」（同一六節）。

また、パウロはこうも言っています。

「私たちは、奥義のうちにある、隠された神の知恵を語るのであって、その知恵は、神が私たちの栄光のために、世界の始まる前から定めておられたものです」（Ⅰコリント二・七）

このように彼は〝奥義〟ということにこだわっています。

奥義とは「隠された真理」のことです。奥のほうに隠されているので、見えない、分からない真理のことです。だれかが奥から引っ張り出して見せなければ理解できないものです。それをして見せる作業が説教というものです。

説教は、聖書に書かれていることの説明や解説から入ることが多いと思いますが、それにとどまってはなりません。説教の本質は「聖書について語ること」ではなく「聖書を語ること」であり、そうであればこそ、御霊によらなければ不可能な仕事なのです。

『若い牧師・教会リーダーのための14章』（いのちのことば社）の中で、ジョン・M・ドレッシャーはこう言っています。

「キリスト教の説教とは、キリストを説教することである。ところが多くの説教がキリストについてのお話になっている。それゆえ、もしも私がもう一度、牧師をやり直すことができたなら、講壇ではいつでもキリストを説教しようと思う」（三九頁）

さて、説教は、聴く人の頭脳と心とたましいに向けて語られます。

説教を聴く人は、頭脳で理解し、心で受け止め、たましいにおいて神の前にいる自分を自覚するのです。

「彼らは頭脳のためには糧となり、霊性のためには力となるような、栄養のある説教を求めていた。牧師はいささかの骨惜しみもせずに、これを信者たちのために提供した」

これは、作家のパール・バックが、自分の母親のことを書いた『母の肖像』（村岡花子訳、新潮社、九頁）に登場する十八世紀オランダの教会の描写です。

また、そこにはこうも書かれています。

「牧師が神と共にその説教を準備したかどうかを、会衆はよく見分けるのであった」なんという会衆、なんという牧師でしょう。この会衆がいてこの牧師があり、この牧師がいてこの会衆があったのです。私は説教に行きづまりを感じると、この文章に立ち返ることにしています。そして説教は神とともに準備するものであることを、もう一度確認させられるのです。そうあって初めて説教者は、神の奥義を人々の前に明らかにすることができるからです。

パウロは説教の語り方についても述べています。

「また、私がこの奥義を、語るべき語り方で明らかに示すことができるように、祈ってください」（コロサイ四・四）

説教には語るべき語り方があることが分かります。それは、聴き手に応じて、分かりやすく、大胆に確信をもって語ることではないでしょうか。

聴き手が若い人だけのときと高齢者ばかりのときの語り方は同じではありません。両方の場合には、より工夫と配慮が必要です。中間というのではなく、両方に届く必要があるということです。

　分かりやすいとは浅いということではありません。目に見えない信仰の世界を、分かることばによって説き明かすことです。ジョン・ウェスレーは、ヨハネの福音書一七章のイエス・キリストの祈りについて、最も易しいことばによって、最も深いことが言われていると述べています。これが説教者の理想ではないでしょうか。

　そして、確信をもって大胆に語るのです。あいまいに、他人事のように語るのでは人のたましいをとらえることはできないからです。自信にあふれた説教者ではなく、神は確信に満ちた説教者をお用いになるに違いありません。

8　牧師は表現者である

小学校（国民学校）二年生のころ、辞書を引く楽しみを覚えました。時代が時代であったので、国語の教科書に伊勢神宮の記事があり、そこにあった「しじま」ということばの意味を知り、それがきっかけで、辞書を引くことがおもしろくなったことが忘れられません。

しかし、そのことばを覚えたのはいつのことだったか、それがはっきりしているのはその時くらいのもので、例えば「憂鬱」「蹉跌《さてつ》」「憑依《ひょうい》」「改竄《かいざん》」といった難しいことばを知ったのはいつだったのか、また、同音異義の例ですが、「信仰」「進行」「振興」「侵攻」「親交」「新興」「深更」「新香」などの違いを知ったのはどんな機会であったのかと考えても、まったく記憶にありません。ほとんどのことばは、いつの間にか身についたものであって、いつ知ったかを覚えていないものであることにあらためて驚きを感じます。

日本語は決して易しい言語ではありません。しかし、難しいけれどもすばらしい言語であるので、その多様な表現を福音の伝達に活かさなければならないと思います。

牧師はことばに生きる人です。それは「牧師は表現者である」と言い換えてもよいことです。

牧師は、説教のたびに、聖書の真理を自分のことばによって表現します。語るのはどこまでも自分なのです。人と話し合うときにも、祈ることばにおいても、ありとあらゆる機会に、牧師はことばによって神の恵みの世界を表現するのです。ですから、牧師であるということは、表現を使命としているということになります。

もともと、キリスト教信仰そのものが〝ことばの信仰〟です。

「初めにことばがあった。ことばは神とともにあった。ことばは神であった」（ヨハネ一・一）というヨハネの福音書の冒頭の宣言は、そのことを明らかにしています。そして神のことばが聖書にまとめられ、私たちはそのことばを信仰の規範として生きるのです。「わたしはことばである」と言われる神を、牧師は自分のことばによって表現しなければなりません。ですから、ことばの信仰を伝える牧師は、ことばに敏感でなければなりません。

しかし、ある人は「私は話すことは得意ではない」とか「自分はことばの人ではない」と言うかもしれません。

モーセが召されたときに同じことを言いました。

「ああ、わが主よ、私はことばの人ではありません。以前からそうでしたし、あなたがしもべに語られてからもそうです。私は口が重く、舌が重いのです」（出エジプト四・一〇）

エレミヤも召されたときに、若さゆえにためらいました。

「ああ、神、主よ、ご覧ください。私はまだ若くて、どう語ってよいか分かりません」（エレミヤ一・六）と言っています。彼も同じ思いだったのです。

しかし主は、モーセにもエレミヤにも励ましを与え、モーセには助け手としてアロンを立ててまで、その使命を果たさせてくださいました。

ここでは日本語に限って述べていますが、日本語は多様な表現が可能であり、陰影に富み、繊細な言語ですから、聖書の真理を異なった表現で言い表すことによって、聖書の原語であるヘブル語やギリシャ語に、より近く迫ることができるのではないでしょうか。

牧師は、語ることだけではなく、書くことにおいても表現者であることが期待されます。いずれにしても、牧師にはことばの世界で熟達することが望まれます。そのためには読書によって優れたよい文章にふれ、努めてことばを磨くことです。読書は食事と同じです。何気なく食べる一粒一粒のお米が肉体の栄養となるように、活字の一語一句が読む人を無意識のうちにも養い育てるからです。

ことばがいのちを失っていると言われる時代に、牧師はことばによって勝負することを使命としています。かつてある哲学者が、日本人はものを考えるときに文章よりも単語だけで考えると指摘しています。単語の奥にある実体を、文章として把握し表現しなければ理解が浅くとどまるということでしょうか。そうであれば、牧師は、恵み、罪、悔い改め、贖《あがな》いといったことばを文章化して話す訓練がもっと必要です。そうしないと、説教のことばがいのちを持たなくなるからです。

表現者の一人である、オーケストラの指揮者の秋山和慶がこんなことを言っています。「僕の理想は終演後、お客様に『いやあ、いい音楽を聴いたね。そういえば、振ってたの誰だっけ？』と言いながら帰ってもらうこと。『秋山がこんな風に振ってた』なんて言われるようじゃまだまだ。自分を消し、作曲家の世界をどれだけ高い純度で人々の心に届けることができるのか。そんなことばかり考えて、五十年が過ぎた気がします」（「朝日新聞」二〇一七年十二月十二日）

また、辻井伸行という盲目の優れたピアニストがいます。指揮者でありピアニストでもあるＶ・アシュケナージは、「彼はベートーベンがこう弾いてほしいと願っていたように演奏する」と称賛していました。

これらのことを説教に当てはめると、説教というものは、神がこう話してほしいと願っておられることを語るものであり、説教者自身は隠され、キリストの姿が聴き手に届けられることであることを教えてくれます。

9　ユーモアについて

牧師は、説教という簡単ではない、そして息の長い仕事を使命としています。そのために必要なことは多々ありますが、聴き手が説教をよりよく理解し受け止めるために役立つものに〝ユーモア〟があります。いや、説教にとどまらず、牧師がユーモアを解する人であることは、人と接する者としてとても大事なことではないでしょうか。

その一例として、ジョン・ウェスレーを挙げてみましょう。

次は、ある日の彼の日記からの引用です。

「朝の説教中に滑稽なことが起った。……一頭のろばがしゅくしゅくとして門を入って、家の入口にきて頭をもたげ、しづかに佇んで傾聴するような恰好をしたのだった。これは『物いわぬ獣』が、礼儀知らぬ多くの人々を『責め、』人々よりも遙かによく説

教を理解したのではあるまいか?」(『標準ウェスレイ日記Ⅲ』山口徳夫訳、イムマヌエル綜合伝道団、二六九―二七〇頁)

まじめな印象の強いウェスレーは、ユーモアを解する人だったのですね。

もうすっかり日本語になっている〝ユーモア〟とは何でしょうか。

ある人はユーモアを、「人生にある悲痛な叫びに向けられる『理性の微笑』である」と言いました。わけがあってわだかまりや悲しみを持つ人の心に、「人生捨てたものではありませんよ」と、そっと微笑みかけること、それがユーモアの本質であるということでしょうか。

説教にユーモアなどいらない、説教者の話し方がとつとつとしたものであっても、聖書がしっかり説き明かされていればそれでよいと言う人もあるでしょう。確かにそうです。それを否定するのではありません。ただ、ユーモアは固い心をなごませ、構えている人にくつろぎを与えるスパイスのようなものですから、これを少し加えることによって、まじめな性質を持つ説教が聴きやすくなるのであれば、工夫の必要があるのではないでしょうか。

私がその必要を知ったのは、ある新聞記者のこんなことばにふれたときでした。

「アメリカ人はみなユーモラスだと思っている人がいるかもしれないが、それは違います。彼らはよりよい人間関係を作るために、市民学校に通ってユーモアを学んでいるのです」

人を笑わせることが得意でもない私も、「なるほど、それなら努力して、説教にユーモアを加えてみよう」と決心しました。私のユーモアが自然に出てくるものではなく、意識して話したものであることが分かっているわが子たちから、「今日は受けていたね」と言われる始末でしたが、聴き手が笑ってくれることは、語る自分にもゆとりを与えてくれました。

初めのころに私がお手本にしたアメリカの小話があります。それは〝自動販売機〟が世に出て間もないころのものです。

若者が言った。「十ドル入れたら、花嫁が出てくる機械はできないものだろうか」するとそばにいた男が言った。「女房入れたら、十ドル出てくる機械はできないものだろうか」

これは、どんなに便利な機械ができたとしても、夫婦の問題の解決にはならないというブラックユーモアの類のものですが、社会を風刺しながら笑わせる傑作であると私は思っています。

説教にユーモアを加えるのは、ただ笑わせるためではありません。笑わせることが目的ではなく、よりよく真理を理解してもらうための工夫であり配慮なのです。したがって、説教のユーモアには抑制が必要です。度が過ぎると軽薄になります。品を欠くジョークやギャグも慎まなければなりません。よく関西と関東の笑いには違いがあると言われますが、地方性のことも心に留めておくことが必要かもしれません。ユーモラスな楽しい出来事というものは、意外に身の周りにあるものですから、そんな身近な体験を話すのもよいでしょう。

ついでながら、ユーモアと少し違うのですが、会話中に座の空気が暗くなったときなどにとっさに気の利いたことを言うものを、〝ウイット〟と言います。これは天性によるものでもあるので、私には不得手なことなのですが、もう少し挑戦すべきであったと思います。もっとも、こういう世界は、意図的なものではない〝巧まざるユーモア〟こそが、最もすばらしいのかもしれません。

10　教えることと指導すること

牧師の務めには、教えることと指導することがあります。「教える」と「指導する」は重なるところはありますが、同じではありません。

教えるとは、持っている知識や技術を伝えることです。当然教える人は、教えられる人よりも多くの知識や技術を持っていなければなりません。

指導するということは、知識や技術を頭脳的に伝えることではなく、自分もそこに生きて見せ、そこに向けて人を動かすことです。

教える人が〝ティーチャー〟だとすれば、指導する人は〝リーダー〟なのです。

牧師はまず教えなければなりません。

そのために、当然のことながら、学びを積み、より多くの知識を得る必要があります。こうして得た知識をもとに、聖書のことばを説教や聖書の学びを通して人々に教えるのです。また牧師には、聖書を教えるばかりでなく、教会生活について、子どもの育て方について、世と時代について、その他さまざまな課題についても教える務めがあります。いずれにせよ、ここまでは牧師の教える務めであると言えるでしょう。

日本語の〝教会〟ということばは、まさにこの教えるという一面のみで、エクレシア（召し出された者）という大切な面を表していないのは残念なことです。

牧師の務めには、指導するというもう一つの面があります。教えるということが道を示すことであるとすれば、指導するということは、自分がその道を歩んで見せ、相手にも同じようにさせることです。

牧師は、どんなに優れた学びの結果を説教に反映したとしても、その点で聴き手をどんなに魅了したとしても、自分が語ったように生きて見せなければ、指導するという責任を果たしたことにはなりません。

ですから、講壇の上の牧師と講壇を降りた牧師が別人であってはなりません。なぜなら、教会は信仰に生きる人々の集団であり、説教を聴くだけの人々の集団ではないからです。指導する力は、必ずしも聖書の知識の量に比例しません。人々は、牧師の学問的な知識の多さだけについて来るのではなく、きよめられた霊性と品性にもとづく指導にこそ従うものだからです。

牧師は教会の先頭に立って歩むことによって、信仰に生きることの幸いと喜びを、身をもって表し、しかも歩みの遅い者にも配慮しながら、その人をもいっしょに連れて行かなければならないのです。

私たちの主イエス・キリストは、もちろんこの二つを持っておられました。主は、優れた教師であり、類まれな指導者でした。

「そこでイエスは口を開き、彼らに教え始められた」（マタイ五・二）

山上の説教の前にはこう記されています。イエスは折あるごとにみことばを人々に教えました。聴いた人々は、権威をもって語られる「その教えに驚いた」（同七・二八）のでした。

一方で主は、弟子たちに「わたしは心が柔和でへりくだっているから、あなたがたもわたしのくびきを負って、わたしから学びなさい。そうすれば、たましいに安らぎを得ます」（同一一・二九）と呼びかけました。主は、働きに疲れるということを知り、そのつらさを理解しておられました。そして疲れた者に、いっしょに行こうじゃないかと励まし、連れて行ってくださったのです。主はまぎれもなく優れた指導者でした。

牧師は絶えずイエス・キリストに近づき、主から学ぶことによって、教えることと指導することという二つの務めについて励ましと導きをいただくことができます。

11　見えないものにこそ目を留める

この世は、目に見えるものと見えないものによって成り立っています。そのどちらも大切であり、それぞれに意味を持っています。

例えば、秋の一日、色づいた木々の美しさに目を奪われながら、同時に澄んだ空気を胸いっぱいに吸い込む幸いがあることを想像すると、人は、見えるものと見えないものの織り成す自然に癒やされるものであることが分かります。

アイザック・ニュートンは、目に見えるリンゴが木から落ちるのを見て、目に見えない万有引力の法則を発見したと言われます。見えるものには見えるものの役割があり、それは神がそのように造られた結果です。絵画を愛する人は、絵の向こうに音を聴くのだそうです。田園を描いた絵から鳥の声や小川のせせらぎを、人物画ならその人の声を聴くのです。そこにも見えるものと見えないものの世界が開けています。
しかし聖書は、見えるものよりも見えないものがより大切であると言っています。次のことばがその代表です。
「あなたはわたしを見たから信じたのですか。見ないで信じる人たちは幸いです」（ヨハネ二〇・二九）
「私たちは見えるものにではなく、見えないものに目を留めます。見えるものは一時的であり、見えないものは永遠に続くからです」（Ⅱコリント四・一八）
この世には目に見えるものが満ち満ちています。特に現代は〝スマホ〟に代表されるように、人々が見ることに神経を集中し、次々と変化する画面に乗り遅れまいとしているかのようです。そのために、人々はこの世に目に見えないものがあることを忘れ、その大切さを考えようともしなくなるのです。
牧師の目も日々、見えるものに向けられます。しかし、牧師はことさらに見えないものに目を留めることが大切です。
まず、牧師は、神という目に見えないお方に召し出され、その方に仕える身とされた者です。そうです。目に見えないお方に仕えているのです。この厳粛な事実を一瞬でも忘れてはなりません。

牧師は、父なる神から「子よ、今日、ぶどう園に行って働いてくれ」(マタイ二一・二八)と依頼された者です。

目に見えるところでは、教団や教会と契約関係にありますが、その前に、神が差し出された雇用契約書にサインをしたのです。新入社員が真新しいスーツに身を包み、こちこちになって社長の挨拶を聞いている様子をニュースで見ることがありますが、牧師になるということはそれに似たことであり、牧師であるということは、終生その光栄を忘れないことです。

また、牧師は目に見えない世界を追求し、目に見えない真理について語る人です。

聖書は目に見える神のことばです。牧師は聖書のことばを読み、聖書の内容を理解して人に伝えます。聖書は目に見えるものですが、大切なことはそこに隠され、秘められた、目に見えない真理をとらえることです。

ドイツの人は、昔から「森は私たちのもの」という共通意識を持っていると『グリム童話と森』（森涼子著、築地書館）という本に書いてありました。確かに子どものころに読んだグリム童話には、いつも森がありました。「ヘンゼルとグレーテル」や「白雪姫」などが思い出されます。ドイツの人たちは、しばしば奥深い森に入って木々の緑に癒やされ、黙想し、深呼吸をして新鮮ないのちを与えられるのだそうです。彼らは、森と切り離せない民族であり、森に生かされている人々なのです。

考えてみると、聖書を読むということはそれに似ています。みことばの一語一語は、無数の木の葉のようです。どこまで深いのか分からない森のように、聖書の奥深さに私たちは魅了され、そこから霊的ないのちを与えられ、神の語りかけをいただくのです。人々が目に見える森に分け入り、目に見えない新鮮ないのちを与えられるように、私たちも聖書という森から、目に見えないいのちを得たいものです。

そして牧師は洞察力を養う必要があります。洞察とは、まさに見えないものを見抜く力のことです。牧師には、目に見える一人の人が持つ目に見えない思いや悩みに気づき、寄り添い、配慮することが望まれるからです。これはなかなか厳しい仕事ですが、それこそが主の教えられた愛であれば逃げるわけにはいきません。

聖書の大切なメッセージである「愛」も目に見えないものです。目に見えない神の愛を追求し、愛に生き、愛を伝えることが牧師の務めです。牧師は、見えないものの専門家なのです。

12　バランス感覚を養う

ひとことに牧師と言っても、実にさまざまな人々がおられます。いや、むしろ牧師であるがゆえに、非常に個性的であり、特徴を持つ方も少なくありません。牧師の世界もまさに多士済々《たしせいせい》です。長い間にさまざまな牧師に会い、「ずいぶん違うなあ」と思うことがよくありましたが、それはお互いさまであって、私が相手に同じような思いを与えることもあったことでしょう。

もともと人というものがそれぞれに違いを持ち、多様であることは当たり前であり、牧師においてもそれは同様のことです。牧師であるということが、みな同じようでなければならないとすれば、それはむしろ不自然なことであると言わねばなりません。

パウロは、実に個性的な人間であり、福音の内容については一歩もゆずらない強さを固持していた人でした。

しかし、彼が教会について論じた「コリント人への手紙第一」の一二章を読むと、そこには「いろいろ」「一人ひとり」「ある人には」「それぞれに」「部分」というように、クリスチャンたちの持つ違いや多様性を認めていることを表すことばが並んでいます。パウロは、クリスチャンとしての生き方については「兄弟たち。私に倣う者となってください」（ピリピ三・一七）と言っていますが、それは、スピリットの問題であって、クリスチャンたちの多様性を否定したわけではありません。

牧師にもそれぞれに得手不得手があり、趣味や好みも違います。性格も賜物もさまざまです。強さも弱さも一様ではありません。したがって、そのままであればそれは〝偏り〟となります。

一方、教会に集まって来る人たちもまた違いを持った人たちです。この時代、教会に集まる人々の年齢の幅も大きく、考え方も多岐にわたります。個人的にも多様である人たちを公平に扱い、すべての人にとは言えなくとも、できる限りの人に届く働きをするためには、こちらの偏りを少なくしなければなりません。そのために必要なことは、バランス感覚を磨くことです。

ここでいうバランスとはどういうことでしょうか。

それは、相反するように見える性質の中間ということではなく、その両方を併せ持つということです。積極性と消極性、がんこさと柔軟さ、大胆さと慎重さ、繊細さとおおらかさ、進歩性と保守性、あるいは後に述べるように、リーダーでありつつしもべであるという異なった性質の両方を持つことです。

それは、「やじろべえ」（つりあい人形）のような不安定なバランスではなく、二本の足で大地を踏みしめているような安定したバランスのことです。

戦前の学校の先生と戦後の先生の違いを童謡にたとえた人がありました。戦前は「すずめの学校の先生」だったが、戦後の先生は「めだかの学校の先生」になったと言うのです。なるほど、「すずめの学校の先生は　むちをふりふりチイパッパ」と、「めだかの学校のめだかたち　どれが生徒か先生か」（二節）という歌詞は、こわく厳しい先生と友だちのような先生という対照を見事に表しています。では、教師としてどちらがよいかと問われたなら、そのどちらかではなく、またその中間でもなく、両方の性質を持つことであると思うのです。それが真のバランスではないでしょうか。

異なる性質を併せ持つということは、もちろん簡単にできることではありません。けれども、より多くの人に対応するために必要なことであり、努力であり挑戦なのです。

牧師という立場と仕事には、リーダーであるとともに、しもべであるということが期待されます。これはここで述べているバランスということにおいて、最も大切なことであるかもしれません。

イエス・キリストは言われました。

「あなたがたの間で偉くなりたいと思う者は、皆に仕える者になりなさい。あなたがたの間で先頭に立ちたいと思う者は、皆のしもべになりなさい」（マタイ二〇・二六、二七）

偉くなりたいとか先頭に立ちたいと思うかは別の問題として、牧師はリーダーであるという意味で、皆の先頭に立たねばなりません。それは指揮官であるということであり、サタンの火矢を真っ先に浴びるところに立つことでもあります。

同時に牧師はしもべなのです。キリストのしもべであり、教会の人々のしもべであり、皆のしもべです。しもべとは仕える者であるということです。牧師は高いところに立って説教をするときも、「先生」と呼ばれていても、神と人に仕える身であることに違いはありません。

リーダーでありしもべであるというその姿勢とスピリットを、模範として示してくださったのは、言うまでもなくイエス・キリストです。

主はいつも弟子たちの先頭を歩まれました。それは十字架に通じる道でした。同時に主は神であられる方であるのに「しもべの姿をとり」（ピリピ二・七）、弟子たちの足を洗ってくださったのでした。私は牧師として生きながら、心がくじけそうになると前を歩まれる主を仰ぎ、高慢な気持ちになると、しもべとなられた主を思うことが幾度あったことでしょうか。

優れたリーダーは、足もとを見つめ、同時に、ずっと先の地平線を見ている人であると言われます。ここにも大切なバランスがあります。人は偏りを持っている者です。牧師はそれを自覚しながら、さまざまな点で、よりよいバランスを保てるように努める必要があると思います。それは、「何とかして、何人かでも救うためです」（Ⅰコリント九・二二）

13　祈りの生活

祈りは霊的な呼吸です。

祈りは神との交わりであり、私たちの心の叫びでもあります。祈りは私たちに霊的ないのちをもたらし、信仰を活性化します。

牧師にとって祈りは、その信仰と働きの勝敗を決するカギです。

牧師にはさまざまな祈りの場があります。個人の祈り、家族との祈り、教会の礼拝においての公的な祈り、祈祷会の祈り、そしてもろもろの機会において牧師は祈ります。しかも祈りの課題は無限と言ってもよいほど多様です。牧師であるということは、祈りとどう取り組んでいるかということと切り離せないことなのです。

牧師に限らないのですが、祈りは生活の中に習慣化する必要があります。特に、多くの方がそうしておられるように、朝ごとにひとりで聖書を開き、あるいは賛美をささげながら祈るひとときは、生活の一部として欠いてはならない時間です。そこで私たちは、「朝にあなたの恵みを聞かせてください。私はあなたに信頼していますから。行くべき道を知らせてください。私のたましいはあなたを仰いでいますから」（詩篇一四三・八）と祈るのです。

祈りの生活は習慣化することが大切ですが、それが毎日のことであるゆえに、祈りの中身は習慣的にならないように注意することが必要です。祈ることが決まってしまい、形式的にならないためです。とにかく牧師は、神との個人的な交わりの習慣を確立し、そこを基地として奉仕にのぞむことがどうしても必要です。

牧師には人のためにとりなしの祈りをささげる務めがあります。考えてみると、なんと多くの人々のためにとりなす必要があるでしょうか。教会員の一人ひとりのために祈ることも、会員が増えればそれだけ多くの時間を要することになります。ある時、私は妻に提案して会員名簿を分担して祈るようにしたことがありましたが、それではやはりよくないことに気がついて、もとに戻しました。文字どおり一人ひとりを覚えることが大切だからです。

個人の祈りとともに、教会の祈祷会を燃え上がる火のようにすることも、牧師の大切な使命です。祈祷会は教会の心臓部であると昔から言われました。そこに教会のいのちがかかっているからです。

こんな逸話があります。

十九世紀のイギリスにM・ファラデーという電磁気学の泰斗がいました。ある時、その業績を女王陛下から表彰されることになりました。その日、時間になっても彼が指定の場所に現れません。人々が捜し回った結果、彼を発見したのは教会の祈祷会の場であったということです。

これを、女王に失礼だ、非常識じゃないかと非難することは簡単です。しかし、ここには見事な祈祷会出席の習慣化があります。この世の栄誉にまさって主の前に祈ることを優先したファラデーに対して、そしてそれが礼拝ではなく、祈祷会であったということに私は脱帽するのです。

ところで、祈りの世界は、一生かかっても極め尽くすことができないほどの奥行きを持っています。私はいまだに祈りの学校の新入生の域を出ていません。ですから、日々、主の弟子のように「主よ。ヨハネが弟子たちに教えたように、私たちにも祈りを教えてください」（ルカ一一・一）と願うのです。

祈りということにおいて敬意を覚える聖書人物にエパフラスがいます。エパフラスはコロサイ教会の基礎となった人です。それは、「あなたがたは私たちの同労のしもべ、愛するエパフラスから福音を学びました」（コロサイ一・七）というパウロのことばによっても分かります。彼は一時、ローマにいたパウロのもとで過ごしています。グノーシス主義が教会に混乱をもたらし始めたこの時期です。電話もメールもない時代、遠いところをパウロに相談に来たのではないでしょうか。

その結果書かれたコロサイ人への手紙の中で、パウロはエパフラスについてこう記しています。

「あなたがたの仲間の一人、キリスト・イエスのしもべエパフラスが、あなたがたによろしくと言っています。彼はいつも、あなたがたが神のみこころのすべてを確信し、成熟した者として堅く立つことができるように、あなたがたのために祈りに励んでいます」（同四・一二）

二人がともに祈るときに、パウロにとって印象的であったことは、エパフラスが「いつも」コロサイのクリスチャンの霊性が健全であるように祈ることでした。それは、牧師が兄弟姉妹のためにとりなしの祈りをささげるときの模範になります。祈祷会の祈りなどもそうですが、教会の行事や教会員の健康のためには祈っても、お互いの信仰のために祈ることが意外に少なくなりやすいからです。エパフラスの祈りにパウロが引きつけられたように、私も祈りの内容において彼に学ぶところが大きいのです。

神は今日も身を乗り出して私たちの祈りに耳を傾けておられます。牧師であるということは、祈ること以外に勝利する道を持たないということです。

14　祈られている幸い

牧師は祈ることなしにその奉仕をまっとうすることはできません。同時に、牧師は祈られることなしに、祈りの支援なしに働きを続けることは至難のわざです。他のために祈るという能動的な面と、祈られるという受け身の面、この両面がバランスを保つことによって、牧師の務めはより安定したものになるに違いありません。振り返って私自身も、自分のためにだれかが祈っていてくれるということを知るのに、けっこう時間がかかったと思っています。

祈られる必要と幸いを、私たちは何によって知ることができるでしょうか。

▽具体的な経験によって。

神学生のときのことです。お世話になった宣教師ミセス・ミリカンにひどく叱られたことがありました。いつもは上手な日本語で話されるのにその時はなぜか英語でした。私はその英語が半分くらいしか分からなかったので、かえって救われたようなものでしたが、こわかったそのお顔が思い出されます。しかし宣教師は、その後に涙ながらに祈ってくださいました。叱られることから逃げようとしていた私が、自分は祈られていたのだと気がついたのはその時ではなく、ずっと後のことでした。

祈られているということは、「祈っていますよ」と言われてそのことが明らかに分かる場合と、かげながら祈っていてくださる人々があり、こちらがそれに気がつかない場合があります。実際、自分の知らないところで、こちらが気がつかないほどの静かな熱心さをもってとりなしている人があり、その祈りに自分が支えられているということは、すべての牧師に当てはまることではないでしょうか。

▽聖書のことばによって。

聖書はとりなしの必要と力について多く語っています。

主イエス・キリストは、ゲッセマネの園で弟子たちに「わたしは悲しみのあまり死ぬほどです。ここにいて、わたしと一緒に目を覚ましていなさい」（マタイ二六・三八）と言って祈りの助けを求められました。神の御子である方さえ、ともに祈る者を必要とされたのなら、まして、私たちがとりなされることなしに平気でいられることはあり得ないことです。

また、使徒パウロの手紙を読むと、多くの場合、パウロは「あなたがたのために祈っていますよ」と言いつつ、同時に「私のために祈ってください」と求めていることに気がつきます。ヘブル人への手紙の記者も、「私たちのために祈ってください」（一三・一八）と言っています。

▽自分が祈ることによって。

牧師として祈らずにはいられない多くの課題を持つようになるにつれて、他のために祈るという経験の中で、それと並行して、祈られることの必要と幸いを理解するようになります。次のことばをごらんください。

「祈禱には絶対性がありながら援けを要するという一見矛盾したような一面もある。

祈り手であればあるほど、その人は祈禱において切なる援助の希望をもっている。これは、その人の祈禱が不完全だからというよりも、祈禱そのものがそういう性質をおびているからである」（佐藤雅文『祈禱の生涯』いのちのことば社、三八頁）

人は祈れば祈るほど、とりなせばとりなすほど、そうして祈っている自分のためにも祈ってもらう必要があることを知るようになるとは、祈りの世界に存在する不思議であると言わずにはいられません。

牧師は時に孤独の中に置かれます。パウロも「私の最初の弁明の際、だれも私を支持してくれず、みな私を見捨ててしまいました」（Ⅱテモテ四・一六）という経験をしました。しかし彼は自分のために祈っている人のあることを忘れたわけではありませんでした。彼のために祈る人々があちらにもこちらにもいたからです。

もし、牧会の困難に疲れている牧師の方があるなら、祈っていてくださる人が必ずあることを思い起こし、祈られている幸いを聖霊によるとりなしによって嚙《か》みしめていただきたいと思います。

15　誤解されることについて

だれかに誤解されて悩んでいる牧師がおられるでしょうか。

人は誤解するものであり誤解されるものです。人生は誤解の集積であり、人生の半分は誤解であるとさえ言ってもよいくらいです。歴史上の人物の評価が、何かの機会にそれまでとはまったく変わってしまうことがあるのを見ると、そうした知識も誤解だらけだったのだと気づかされるのです。

誤解を恐れずに言えば、〝誤解〟ということは、神が許されたユーモアではないかと思うことがあります。お互いの人生において、時には誤解があることが救いであることもあるからです。もちろん深刻な誤解もあるので、いずれにしても人生は誤解をめぐって悲喜交々なのです。

オーストリアの詩人リルケのことばに、「有名であるとは誤解の総計である」というものがあります。なかなか穿《うが》ったことばではありませんか。これに従えば、人は有名になるほど誤解されることを覚悟しなければならないことになります。また、ある世界では、人の誤解を利用して虚構を組み立ててまで名を売るということがあります。

ところで、日本で牧師であるということは、それ自体が誤解されることであると言えるかもしれません。

牧師になって間もないころ、高校時代の友人のお母さんが、私の母に「息子さんは今何をしていますか」と尋ねたそうです。そこで、母が「教会の牧師になりました」と答えると、「まあ、もったいない」と言われたとか。当時の私は苦笑するしかありませんでした。

その後、牧師として奉仕するようになってからも、誤解を受けることが少なからずありました。善意でしたつもりのことが理解されない、言ったことばが反感を買う、冗談を本気と受け止められるなど、その種の経験がいろいろありました。誤解されることがきらいであった私は、愚かにも言い訳をし、弁解を重ねるなど、姑息な対応に走ったものでした。

そのころ、先輩の牧師から聞いた話があります。ネクタイを数本いただいたので、礼拝ごとに替えて出たところ、「先生は最近おしゃれになった」と陰口をたたかれ、あまり替えないでいたら「先生は無精だ」と言われたとか。牧師は批判されるためにあるのかもしれないと思ったものでした。


人は誤解するものであること、牧師は立場上、誤解されやすいものであることを理解するようになるのにいささかの時間が必要でした。どうしても誤解が解けないときには、神におゆだねするしかないことも知りました。何よりも誤解されたときには、主を思うことも学びました。

なぜなら、主イエス・キリストも誤解の外にあったわけではないからです。

「罪は犯しませんでしたが、すべての点において、私たちと同じように試みにあわれた」（ヘブル四・一五）主は、誤解されるということにおいて、私たちの先輩であられました。

こんなことばがそれを証明しています。

「人の子が来て食べたり飲んだりしていると、『見ろ、大食いの大酒飲み、取税人や罪人の仲間だ』と言うのです」（マタイ一一・一九）

やっかみや悪意を含んだ人々のことばに、主もやれやれといったお気持ちでおられたのではないでしょうか。

また、「イエスは弟子たちに『人々は人の子をだれだと言っていますか』とお尋ねになった」（同一六・一三）とあるのを見ても、当時の人々が誤った目で主を見ていたことがよく分かります。

そして、十字架上のキリストに投げつけられた汚いことばは、人々の誤解をよく表しています。

「他人は救ったが、自分は救えない。キリスト、イスラエルの王に、今、十字架から降りてもらおう。それを見たら信じよう」（マルコ一五・三一、三二）

しかし、イエスは「それは誤解だ」などとは言わずに沈黙を守られました。

現代においても、イエス・キリストはさまざまな意味で誤解され続けています。イエス・キリストが誤解され続けているとすれば、牧師も同様であって少しも不思議ではありません。

もちろん、牧師はふだんから不要な誤解を受けないように注意することが必要です。ことばや態度において軽率であってはなりません。しかし、どのように歩んだとしても誤解は免れないものです。牧師であるということは、誤解されないようにすること以上に、誤解されることがあったときにどうあれるか、そこで決まるように思います。

16 中傷され、非難されることについて

誤解されることに続いて、中傷、非難されることについて考えてみましょう。

人に中傷され非難されるということは、だれにでもあることであり、牧師だけの問題ではありませんが、昔から〝聖職者〟は、その身分と仕事の性質上、時にスキャンダラスな扱いを受けてきました。神父や牧師の背徳は小説の格好の題材となるからです。もともと誤解は消極的な性質を持ち、無害ですむこともあるものですが、中傷や非難は積極的かつ攻撃的な性質を持つので、笑ってすませられないことが少なくありません。

牧師が非難に値する罪や失敗を犯し、そのために責められるとすれば、それは当然のことです。言い訳をせずに、悔い改め、謝罪し、事によっては必要な対応をしなければ

なりません。

若いときのことですが、ある方のお母さんから厳しく非難されたことがあります。娘さんの結婚相手を紹介してほしいと頼まれたのですが、なかなかそういう人を探すこともできないままに長い時間が経ってしまっていました。その結果、連絡もせずに放っておいた私の非常識を非難されました。母親くらいの年上の方の前にわびるほかなかった、痛い、けれども貴重な経験でした。

説教で失敗したこともあります。

ある集会で、「家」という字は、屋根の下に豚がいるという意味であると説明をしたのです。その日、教会員のご主人が出席していて、帰宅してから奥さんに、牧師は失礼だと怒っておられたと聞きました。考えてみればそのとおりで、私は自分の不明を恥じたことでした。幸いにその後、そのご主人も救われ、洗礼を受けられました。

私には一度だけ、検事の前に立たされた経験があります。

五十歳のころですが、目の前に飛び出した女の子を車ではねてしまったのです。六月の蒸し暑い午後、クーラーもついていない時代、いささかぼんやりしていたことは否めませんでした。それからの数日は、女の子の容態を気遣いながら、もうこれで牧師の働きは終わったかなという思いにとらわれ、悶々と過ごしました。それは非難されてもしかたのないことだったからです。

しかし、主はあわれみを与えてくださいました。女の子はほとんど無傷に近く、私は一日の講習を受けるだけですみ、罰金もありませんでした。その子の母親が加害者になったことがあり、そのつらさに対する理解を示してくれたからだと聞きました。検事の方も、私が牧師であるということに敬意を表してくださいました。非難されるべき出来事が、そのような扱いを受けたことに驚きました。同時にそれは、人に対して申し訳ないという思いを持つことによって、高慢な思いや自信が砕かれる機会となりました。

一方、私たちには、いわれもなく不当に責められることがあります。

このことについて深い洞察を示しているのは、V・レイモンド・エドマンです。

彼は、その著書『人生の訓練』の中で、信仰を人生のさまざまな現実に結びつけて描いて見せます。

初めてこの本にふれたとき、目からうろこが落ちる思いがしたことを思い出します。人生のさまざまな厳しい現実が、聖書のことばに見事に結びつけられて説き明かされていることによって、私は、聖書の中の人物とみことばが急に身近になり、「聖書はこのように読むものなのだ」という感を深くしたものでした。そして、信仰はマイナスに見える経験を、プラスに変える力であることを学び、それから説教も少しずつ変えられていったように思います。

この本の「中傷に対する訓練」という題目の中で、著者は、理由なく中傷され非難されることに耐えるのは、「まことに深淵な、たましいの訓練である」と述べています。そして、モーセが、ダビデが、あるいはパウロが、みなこの訓練を受けたと指摘し、さらに、「主イエス・キリストご自身も、この中傷に対する訓練を、だれも決してこのようには受けなかったという規模でお受けになった」と語っています。

牧師には、なぜこのように言われなければならないのだろうかとか、最善を尽くしたのにどうしてと思うことがあります。けれども、つらい目に遭うとき、いつも思い起こすのは、「イエスさまでさえ」ということです。罪のない方が非難をお受けになったということを思い巡らすときに、私たちは、たましいの奥深いところで主に近くされるのです。牧師は、理不尽にさえ思える経験において、イエス・キリストと同列に置かれる光栄ある務めです。

17　教会と問題

教会とはどういうところでしょうか。教会に問題はあるでしょうか。問題があってよいでしょうか。

たぶん、ある人は教会を理想化しすぎています。教会は神の家族であり、天国のようで問題などないし、あってはならないと考えます。はたしてそうでしょうか。私はこう思います。教会が人の集まりである以上、問題はさまざまな形でいつでもある、と。

昔聞いたおもしろい話があります。

ある人が言いました。「この教会は偽善者でいっぱいですね」

牧師は答えたそうです。「いっぱいというほどではありません。もう一人くらい入れますよ」

これはなかなかよくできたお話で、いくつかのことを考えさせてくれます。

- 教会に問題があると言ってそれを問題にする人自身が問題である。
- 牧師にこれくらいの機知があれば、問題も乗り越えられるだろう。
- お互いが、自分がこの教会の一員であること自体が問題なのだと思えるくらいに謙虚になれれば、教会の問題は解決する。
- とにかく教会に問題があるのはふつうのことである。

教会に問題があるということは、聖書が証明していることでもあります。聖霊が生き生きと働かれて誕生した、ペンテコステ直後の教会にすら、問題は起きています。また、パウロやペテロたちの書いた手紙は、当時の教会に問題が起きたから書かれたのであって、そうでなければ、彼らの手紙は存在しなかったはずです。当時の教会の問題が聖書の一部を生んだとすれば、それは神の深い知恵のもたらしたものであると言えるでしょう。

教会が抱える問題はさまざまですが、主要なものが三つあります。紀元六〇年ごろに、パウロがローマで最初の幽閉を経験していたときに書いた三つの手紙それぞれに、それが一つずつ取り上げられていることは興味深いことです。

エペソの教会にあった問題は、クリスチャンの不道徳でした。パウロは手紙の中で、キリストの教会の姿を格調高く描きながら、一方でクリスチャンたちの生活にある罪を鋭く指摘しています。例えば、「あなたがたの間では、聖徒にふさわしく、淫らな行いも、どんな汚れも、また貪りも、口にすることさえしてはいけません」（エペソ五・三）とあるのは、教会の中の問題を指していたはずです。

ピリピの教会にあったのは、不一致という問題です。

この教会はいつもパウロの心に喜びを与える存在でした。ピリピで投獄されているときに、大地震がきっかけとなって生まれた忘れられない教会だったからです。ただ、「ユウオディアに勧め、シンティケに勧めます。あなたがたは、主にあって同じ思いになってください」（ピリピ四・二）とあることで分かるように、この二人の不一致にパウロは心を痛めていました。

最後はコロサイの教会ですが、ここには異端が混乱を与えるという厄介な問題がありました。

具体的には「グノーシス主義」という、キリストが現実の肉体をとられたことを否定する教えですが、それがもっともらしく語られ、健全な信仰から人々を引き離そうとしていたのです。パウロは、それを「まことしやかな議論」（コロサイ二・四）、「あの空《むな》しいだましごとの哲学」（同八節）と言って厳しく糾弾しています。

このように教会が直面する主要な問題は、クリスチャンの倫理性、仲間との不一致、誤った教えによる混乱という三つです。私たちはこれらに陥らないように注意し、きよめられた生活を送り、互いに一致を保ち、正しい福音の理解のもとに教会生活を送ることが期待されているわけです。牧師は当然、教会をそのように導かなければなりません。

そういうわけで、教会に問題があることに驚いてはなりません。問題を放置してもなりませんが、本当の問題は、問題があることよりも、その問題を乗り越える力があるかどうかであることに気がつくべきです。牧師の働きは、教会にはこうした問題があることを覚悟することから始まるのです。

18　霊的な戦闘集団

よく、教会は〝神の家族〟であると言われます。

そう言われる根拠は、「こういうわけで、あなたがたは、もはや他国人でも寄留者でもなく、聖徒たちと同じ国の民であり、神の家族なのです」（エペソ二・一九）ということばにあることは明らかです。パウロは、「こういうわけで、私は膝をかがめて、天と地にあるすべての家族の、『家族』という呼び名の元である御父の前に祈ります」（同三・一四、一五）とも言っています。

クリスチャンは父なる神の子どもであり、あらゆる相違を越えて、キリストの血によって近い者、互いに信仰による兄弟姉妹、あるいは近親者とされた人たちです。その意味で教会が神の家族であるとは確固たる真理であり、「教会は神の家族である」ということばは、たいへん魅力的な響きを持っています。

かつて私もこのことばを強調した時期がありました。けれども、ある時から、自分はこのことばを誤解し、誤用していると考えるようになったのです。それは、〝家族〟ということばと〝家族的〟という表現の違いに気がついたからです。そして、特に日本の教会には「教会は神の家族である」という聖書的真理とは別に、「教会は家族的であるべきだ」という信念のようなものがあるのではないかと思うようになりました。

私自身も経験したことですが、教会に集う人々が、仲良く、楽しそうに、時間を忘れて交わる姿を見ることは、牧師としてこの上なく嬉しいことであり、労苦が報われる心地がすることなのです。

開拓間もないころ、特別伝道会のための立て看板をリアカーに積んで自転車で引っ張って立てて回りました。まだ手伝う人もありませんでした。真夏の暑さの中、楽な作業ではありませんでしたが、「福音のため」という使命感が私に気力と充実感を与え、召された喜びでいっぱいでした。けれども、教会に人が増え、次第に安定するにしたがって、牧師である私の気力と充実感に、自己満足と怠惰なものが混じってきたことを否定することができません。私自身が生ぬるくなっていたのでした。

日本の教会の場合、教会が家族的であることが可能だとすれば、それは数十人のことであって、それ以上の人数の場合にそうであることは、難しいのではないかと思います。そこには日本人の特性が関係しているかもしれません。私の中にも家族的ということにとらわれるものが芽生えていたのです。それは牧師の甘えであったかもしれません。

理屈になりますが、教会が家族的であることを求めることは、教会に人が増えないほうがよいということにならないでしょうか。それは救われる人が起きることを望まないということであり、教会が内向きの仲良しグループになっていくことを意味します。教会が家族的であること、教会員が仲良しであることがいけないのではありません。それは必要なことでもあります。しかし、それは城を守ることはしても、城から打って出て戦うことをしない集団になる危険を持っています。

かつて「個人信仰の確立」ということが強調された時代がありました。教会は信仰者の群れに違いはありませんが、それを単なる群れにしてはなりません。明確な信仰を持って生きる個人の集合にしなければならないのです。教会は福音のために戦う集団です。甘えや身勝手さを捨て、犠牲をいとわず、外に目を向け続ける人々の集まりであるという意味で、教会は霊的な戦闘集団です。

将棋や囲碁、あるいはスポーツの世界で「守りに入る」という言い方があります。ある程度勝利が見えてきた段階で、攻撃よりも防御に力を注ぐことを意味しています。それも一つの戦法ではありますが、その姿勢がチームを消極的にし、逆転を許す結果を生むことがあります。現代の日本の教会は守りに入ってはいないでしょうか。

パウロは、テモテに信仰は戦いであると繰り返して教えました。「それは、あなたがあの預言によって、信仰と健全な良心を保ち、立派に戦い抜くためです」(Iテモテ一・一八)とか、「信仰の戦いを立派に戦い、永遠のいのちを獲得しなさい」(同六・一二)と言っているからです。

牧師には、教会員を励まし、導き、訓戒しながら、あらゆる霊的戦いの先頭に立つことが期待されます。「牧者はその先頭に立って行き、羊たちはついて行きます」(ヨハネ一〇・四)とあるからです。

19　牧師にとって最も大切なこと

牧師にとって、最も大切なことは何であるかということについて考えてみたいと思います。

ある時、本屋さんの棚に、プロ野球の元監督が書いた『私が野球から学んだ人生で最も大切な１０１のこと』という本がありました。私はこの題に疑問を持ちました。なぜなら「最も」というものが百一もあるということが納得できなかったからです。「最も」と言えば、一つに限ることはないまでも、二つか三つのことではないだろうかと思ったのです。

けれども、今、「牧師にとって最も大切なことは何か」という課題を前にして、その時の判断にやや誤りがあったと気づかされています。

なぜなら、牧師にとって最も大切なことは何かと考えてみると、それは、

- 百一はともかく、複数あり得る。
- 人によって違うだろうし、違ってよい。
- そうであれば、唯一これが絶対だというものはない。
- その答えは、牧師の一人ひとりが、自分で出すものであろう。

と考えたからです。

あらためて、考えられる、牧師にとって大切なこと、あるいは期待されることを思い浮かべてみましょう。

明確な召命感、徹底した献身、揺るがない信仰、神とともに生きること、イエス・キリストを知っていること、神と人に対する愛、謙遜であること、伝道の熱意、高潔な人格、強い使命感、健全な聖書理解、聖書に立った説教、祈りの人であること、犠牲をいとわないスピリット、優れたリーダーシップ、忍耐強いこと、広い視野と時代感覚などなど、これらのどれもが、それぞれの考え方によって最も大切なことになり得ます。

それ以外にも、牧師は体力勝負だから健康こそ最も大切だという考えもあり得るでし

ょう。事実、よく歩くとか、ジョギングや体操をするとか、健康法に気を遣っている牧師は少なくありません。私も若いころから、太陽が照ってさえいれば、ふとんを干すことを習慣にしていました。この無料の健康法のおかげで（と信じていますが）、家族もあまり病気をせずに過ごせたことを感謝しています。

神学生のとき、「牧師は、金銭問題と異性関係の二つにおいて特に注意しなくてはいけない」とたびたび語られました。神学生のときにはピンとこなかったこのことも、牧会の現場に出て、なるほど、なるほどと思った大切なことでした。

牧師にとって大切なことを聖書の中に見出そうとするなら、テモテへの手紙第一と第二を読むことです。そこには、パウロが遺言のようにテモテに書き送った、「これが牧師にとって大切なことですよ」というメッセージが満載されています。そこには何重もの「最も大切なこと」が記されています。牧師は一週に一度はこれを読むとよいでしょう。

以上の理由で、牧師にとって大切なことは、牧師それぞれが考えることであるとしか言えません。また、それが複数あったとしてもおかしいことではありません。

それを踏まえたうえで、あえて一つの答えを出したいと思います。

それは、自分が牧師であるということの意味を考え続けることの大切さです。そこにはいくつもの不思議と幸いがあります。

・ほかの仕事に就くことも可能であったのに、神の導きによって、自分が牧師に召されたこと。

・牧師という仕事と立場に生きることは決して易しいことではないのに、そこに自分が置かれていること。

・神のことばである聖書からメッセージを与えられ、それを語る使命に生きていること。

・自分の力や知恵によるのではなく、多くの人の祈りに支えられてこそ牧師であることが許されていること。

・ゴリヤテを倒したダビデの手にあった小石のように、一度限りの私の人生が、神の手に握られていること。

牧師は、仕事としてこの働きを選んだのではなく、神のお考えによって召されたのですから、その不思議な事実に日々感動し、その幸いに感謝して生きることが最も大切なことではないでしょうか。その自覚があれば、困難に耐え、福音のために喜んでわが身をささげることができるからです。

「あなたがたがわたしを選んだのではなく、わたしがあなたがたを選び、あなたがたを任命しました。それは、あなたがたが行って実を結び、その実が残るようになるため、また、あなたがたがわたしの名によって父に求めるものをすべて、父が与えてくださるようになるためです」（ヨハネ一五・一六）

アーメン。

20　私の反省と提言

一九八〇年代のころ

牧師には教会と家庭のどちらを優先すべきかという課題があります。いや、牧師だけではなく、一般社会にあっても、仕事と家庭のはざまに立って悩む人は少なくありません。牧師にとってこの問題に答えはあるでしょうか。

かつて日本では、この優先順位を教会に置いた牧師たちがありました。いや、ある時までは、おおよそそれが当たり前であったと思います。

ある会合で、私より五歳ほど年上の牧師が嘆かわしそうにこう言いました。

「最近の若い牧師は教会より家庭を優先する」と。そして、私もそれに賛同したものです。それは一九八〇年（昭和五十五年）のころであり、私は四十歳半ばを過ぎようとしていました。

振り返ってみると、この一九八〇年を越えたころを岐路として、戦後の日本の福音派の教会は一つの転換期を迎えたのではないでしょうか。

それは、終戦から今日までの約七十年の半分を区切るころに当たります。

その分岐点を境にした前と後の違いは何であったのでしょうか。その一つは、前半の約三十五年は戦前生まれの牧師たちが活動した時代であり、後半の三十五年余は、次第に戦後生まれの牧師たちに責任が移っていったことでした。

戦前、戦後の人の違い

戦後の日本の社会を考えても、戦前に生まれた人と戦後に生まれた人の間には大きな違いがあります。考え方も生活感覚も同じではありません。同じではあり得なかったのです。それは、この両者が、特に少年少女の時代にどのような教育を受けたか、どんな社会的環境に置かれたかということにおいてあまりに違っていた結果でした。

封建的な仕組みのもとにあった戦前は、ひとことで言えば縦社会でした。「縦」の関係が重視され、そこに育った人たちは、上に従うことを美徳としました。そういう時代に養われた考え方や価値観は、簡単に消えるものではなく、戦前に生まれた人たちは、社会の大きな変化にもかかわらず、その後も無意識のうちにそれを引きずって生きてきたと言えます。

一方、戦後の日本に大きな影響を与えたのは民主主義でした。それは特別な意味を込めて〝戦後民主主義〟と呼ばれたりします。

戦後に生まれた人たちは、幼いときから、教育、制度、人間関係のあらゆる分野で民主主義を当然のものとして育てられました。それは、人権を尊重し、「横」の関係を重視し、お互いを大切にするようにという教育でした。それは人々に自由を与え、だれもが遠慮なく意見を言える社会になりました。同時に、日本人が歴史上かつて経験したことのない大きな社会変化は、戦後に生まれた人々をさらに何世代にも分かち、それぞれの意識や生活感覚の相違は驚くべきものとなったのです。

例えば、民主主義は平等意識が強いために、間違えると年長者への礼儀を欠くような結果を生み出します。私自身、はるかに年下の牧師に対等の態度と口のきき方で接しられ、びっくりしたことがあります。その民主化していった時代に、戦前に生まれた人たちは、現代のパワハラも顔負けするような空気の中で植えつけられたものを内面に抱いたまま、戦後民主主義とのはざまに生きることになります。

単純すぎる整理かもしれませんが、社会の空気としてあったものは、戦前は「厳しさ」であり、戦後は「優しさ」です。戦前生まれと戦後生まれの間にある相違はさまざまですが、例えばそれは、物のないことが当たり前の時代に育ったか、物があることが当たり前の時代に育ったかの違いであり、年長者を尊ぶ感覚を持っているか、人を年齢にかかわりなく同等に見るかの違いなのです。

戦前生まれの牧師と戦後生まれの牧師

さて、ここで問題は、同じ聖書を読み、福音の宣教と教会の形成に当たる牧師の世界でも、相違という点においてそれほど変わるものではなかったということです。

不思議なことに、あるいは興味深いことに、また見方によっては恐ろしいことに、キリスト教の信仰を持ち、牧師という同じ土俵に立ちながら、生まれ育った時代によって培われたものは異質であり、それにともなう考え方や感覚もずいぶん違うものであったのです。

おおよそ、戦前生まれの牧師は、聖書の示す信仰の厳しい面に共鳴したと考えられます。それは、戦前戦後の厳しい時代に生きた者が自然に持った体質や感覚がそうさせたのです。そして、彼らは、教会の先頭に立ち、全体を引っ張っていく牧者でした。信仰の指導においても、一人ひとりが神の前に生きることの大切さを強調しました。私なども、小説を読むことや映画を観ることが罪であると教えられました。

ある牧師たちの家庭は、過酷なまでの経済的な困難と闘いながら、それでも犠牲をいとわず、〝私〟より〝公〟を重んじたのです。それは信仰による姿勢であるとともに、子どものころに培われたものによるところも大きかったと思います。苦労は大きかったのですが、そこには建て上げる使命感と喜びがあり、また、そうしなければ、現実に教会はでき上がっていきませんでした。残念ながら、困難のために退かなければならなかった牧師たちがなかったわけではありません。

それに比して、戦後生まれの牧師は、優しさと物分かりのよさと合理性を持っています。テキストなどを使った個人指導、グループ教育に長けています。彼らは、教会員や家族といっしょに歩む牧者なのです。弱い人への配慮と対応は、それまでの牧師のあり方への反省に立ったものであるとともに、単一化していた社会が多様化していった結果でもありました。また、時代とともに教会にはクリスチャンホームが増加し、夫婦や家族というものに関心が向けられ、信仰の継承の問題が取り上げられるようになったのは、時代のもたらす必然でした。信仰の問題が個人にとどまらないものになったということです。

世の中が落ち着きを取り戻し、物質的にも豊かな生活が許されるようになり、牧師の生活も、貧しいとは言っても車があり、いろいろな電化製品を持つことが当然であるように変わっていきました。そうした世の現実が、牧師の考え方や姿勢にも変化を与え、厳しさよりも優しさに富んだものへと変化していったと思われます。

人との関係や先輩後輩の意識にも相違が見られます。戦前生まれの牧師は、一人の師を求め、仲間を持つよりも個に徹する姿勢を持ち、戦後生まれの牧師は、上に立つ強いリーダーを好まず、より多くの仲間と協力することに努めてきたと思います。

このように、問題の一九八〇年以前と以後にある牧師の違いは、個人差や例外はあるとしても、世の中の変容の影響も受けながら、それぞれが生まれ育ち、生きた時代が育んだものによって生じたものであったことは否定できません。牧師だけの問題ではありませんが、長い間、教会で若い人たちが電灯をつけて回り、私が消して回るということが繰り返されました。それは「もったいない」という感覚を持っているかどうかの違いであり現実なのです。

私は、戦前生まれの牧師と戦後生まれの牧師のどちらかに軍配を挙げたいのではありません。また、どちらが正しいとか優れているということを簡単に言えるとも思いません。ただ、そこにあった違いは明らかであり、しかも、この双方に目に見えない壁ができ、それが相互理解を妨げ、時には互いの信仰に対する疑問も生んだように思います。

その証拠に、私自身が、戦後生まれの牧師たちとの間に確執やずれを持たなかったわけではありませんでした。いや、それが大いにあったと今にして思うのです。

例えばある時、牧師の集まりで、「あなたは前回にみんなで決めたことをひっくり返す」と非難されました。確かにそれまでの私は議事録を軽視するところがあり、今考えていることのほうがよいと思うと、それを主張することがあったからです。民主主義で育った人たちにとって、それはがまんならないことだったのでしょう。付け焼刃の民主主義教育しか受けていない私には、「皆で決める」という原則が身についていなかったのです。もちろんそれは、私の個人的な愚かさの結果であったことを認めないわけにはいきません。

私が戦後生まれの同労者や教会員への対応に苦労したように、若い人々も同様に、いやそれ以上に、戦前生まれの牧師たちを理解することは、たいへんに難しいことであったに違いありません。体験というものは、まったく同じことを経験しなければ、聞かされただけでは理解できないものだからです。

気になること

それはそれとして、一九八〇年代以後の日本の教会の現実を見て、気になることがいくつかあります。

説教について言えば、罪の悔い改めや、明確な救いを持つ必要があまり語られなくなりました。神の怒り、さばき、サタンなどについて聞くことはめったにありません。サタンについて語られないことを最も歓迎しているのは、ほかならないサタンではないでしょうか。

全体に、真理を追究する哲学性のようなものがかげをひそめ、力点が聖書の内容の解説へと移っていったようです。説教が、厳しさを欠く、聴き手の耳に優しく響く、温かいものへと変化したのです。会衆も「人々が健全な教えに耐えられなくなり、耳に心地よい話を聞こうと、……真理から耳を背け」（Ⅱテモテ四・三、四）るようになっていったのではないでしょうか。複雑な人間関係に苦しむ人が多い世相がそうさせることがあるのかもしれませんが、説教というよりも、この世をどう生きるかという心がけのようなものが多くなったように思います。

教会や教団の垣根が低くなり、よい意味での立場の持つ主張が弱くなりました。そして、「神第一」「敬虔」「克己」「規律」というようなことばはもはや教会から姿を消してしまったかのようです。教会が世の中に気を遣い、教会でしか得られないものを提供しなくなってはいないでしょうか。現代は過剰に同調を強いる社会で、集団から浮かないように行動する傾向があると言われます。教会が世の中から浮き上がらないように、教会が世に近づこうとするなら、それは教会の自殺行為であり、「この世と調子を合わせてはいけません」（ローマ一二・二）に反することになると思います。

また、牧師の生活が安定したことや機械化した便利な時代が、牧師たちの考え方や価値観に影響を与え、伝道や牧会の姿勢が、効率的、功利的になっていないかが気になります。また、それは牧師の職業化という現実も生んだように思います。

ここに同じような指摘があります。

「しかし、福音の信仰と価値観において、私たちはどこかの時期に、最初からおかしくなったのではないかと思うのです。であれば、それは私たちの内に巣食う問題です」（後藤敏夫『神の秘められた計画』いのちのことば社、一一四頁）

この「どこかの時期」が一九八〇年代だったのです。

真に聖書的であったか

さて、戦前に生まれた牧師と戦後に生まれた牧師の違いの大きさについて、また、それがどこからきたものであるかということを考えてみました。

問題は、それぞれの特徴と傾向が、必ずしも聖書の原理原則によってではなく、時代からくるものによって作られていたのではないかということです。

前者は、牧師による支配的な傾向が強かったところに問題がありました。

戦前に植えつけられたものがそうさせたのだろうと考えます。神の権威よりも、人の強権が主の名において主張されたのです。そして、指導者や先輩を立て、その意見に従うことをよしとし、自分の考えを持たないきらいがありました。

後者は、民主主義を当然としすぎたところに問題がありました。

民主主義が間違っているのではありません。しかし、本来、〝次善の策〟と言われる民主主義を当然のように教会の原則としているとすれば、そこに問題があります。〝次善の策〟とは、「やむを得ず取る策としては最上のもの」と辞書にあります。人が考えに考えて行き着いた最上の策ではありますが、「民主」ということは「民が（人が）主である」ということですから、「神を主とする」教会がそうであってはならないはずです。

例えば、多数決による決定や、選挙によって選ばれたリーダーが、「自分は皆に選ばれたのだから最高の立場にいる」と錯覚することが、神のみこころを隠してしまうようなことはなかったでしょうか。教会が、人の考えた制度や取り決めを、聖書より上に置くことがあってはならないのです。〝最高の策〟は神のみことばにあるのですから。

そうではなかった牧師もおられたでしょうが、戦前生まれの牧師も、戦後生まれの牧師も、聖書信仰を主張しながら、実は異なる原理原則に立っていたのではないかと、私は考えるのです。

なぜそうなってしまったのかといえば、私がそうであったように、聖書を神のことばとして信じ、聖書から説教をしていても、聖書が語っていることをまだ本当には理解していないということが考えられます。そうすると、牧会の現実の中で対応の基準となるのは、聖書ではなく育ちの過程で得た経験によるしかないことになるのです。

個人的には、長年、「主のしもべが争ってはいけません。むしろ、すべての人に優しくし、よく教え、よく忍耐し、反対する人たちを柔和に教え導きなさい」（Ⅱテモテ二・二四、二五）を牧会の要諦としてきました。しかし、はたしてどこまでそのとおりに歩めたか、疑問を覚えます。これらのことを考えたときに、あらためて私自身の牧会は真に聖書的であったと言えるのだろうかという、自己反省をともなった問題意識にとらわれるのです。

この七十年ほどの間に、日本の福音的な教会が歩んだ対照的な二つの姿は、私たちに何を語っているのでしょうか。この二つはあまりにはっきりとした違いを示しているので、そこにある課題をとらえる非常によい材料であると思います。

牧師も時代の影響を受けていること、また、個人的な性格があることを否定することはできません。そして偉大な神は、時代や民族の違いさえも用いてご自分の働きをお進めになる方です。しかし、それらを越えたところにある、真に聖書的な牧会をするとはどういうことであるかを、あらためて追求する必要はないでしょうか。時代の申し子であるお互いではありますが、普遍的な教会形成と牧会の原理原則を、しっかり聖書から引き出すことが急務であると思います。

教会か家庭か

ところで、初めにふれた、牧師が教会と家庭のどちらを優先すべきかという課題に答えはあるでしょうか。

二つのみことばが頭に浮かびます。

「わたしよりも父や母を愛する者は、わたしにふさわしい者ではありません。わたしよりも息子や娘を愛する者は、わたしにふさわしい者ではありません。自分の十字架を負ってわたしに従って来ない者は、わたしにふさわしい者ではありません」（マタイ一〇・三七、三八）

「もしも親族、特に自分の家族の世話をしない人がいるなら、その人は信仰を否定しているのであって、不信者よりも劣っているのです」（Ⅰテモテ五・八）

イエス・キリストのことばは、戦前に生まれた牧師たちの生き方に促しと導きを与えました。彼らは家庭の大切さを承知しながらも、国に召集された兵士のように、公務に献身したのではなかったでしょうか。

そして、パウロのことばは、現在も戦後に生まれた牧師たちに指針を与えていることばです。これも大切なことであることに違いはありません。

したがって、答えは、そのどちらではなく両方がともに大切であるということです。牧師たちには、矛盾のように見える二つを、一つにして生きることが求められているのです。

おわりに

戦後七十年余が経過しました。

変化の激しい、またグローバルな現代は、驚くような勢いでさらなる変貌を遂げつつありますます。それは、キリスト教会がその渦の中に捲《ま》き込まれかねない激しさを持っています。そのような時代にあって、日本の教会がどれくらい健全であれるのか、どのように宣教のわざを推し進めていくのか、聖書的であるとはどういうことであるのかと考えさせられ、祈りに導かれます。

「戦争の足音、ファシズムの足音が聞こえてくる」と言われます。そうであれば、私たちはもう一つの足音、主イエス・キリストが再び来られる足音も近づいていることを忘れてはなりません。「ですから、目を覚ましていなさい。その日、その時をあなたがたは知らないのですから」（マタイ二五・一三）とあることばがそれを示しています。間違いなく、その時が近づいているのです。

これらのことを心に留めながら、牧師という働きについて、なるべく肩がこらないように記しましたが、お役に立てれば幸いです。ご意見やご感想も聞かせていただければ感謝なことです。

これまで小さな者のために祈り、支えてくださった多くの方々に、この機会に心からの御礼を申し上げます。

いのちのことば社出版部には長年お世話になり、特に長沢俊夫さんにはその都度、後押しをしていただきありがとうございました。また、「いのちのことば」誌の連載のために碓井真衣さんに、本書のために佐藤祐子さんにお世話になったことを感謝いたします。

主イエス・キリストに栄光がありますように。

著　者

野田　秀（のだ・しげる）

1932年生まれ。東北大学法学部、インマヌエル聖宣神学院を卒業。東京フリー・メソジスト桜ヶ丘教会協力牧師。著書として『教会生活のこころえ』『牧師の責任 信徒の責任』『恵みの輝く朝』『教会の調和』（いのちのことば社）などがある。東北大学学生歌の作詞者でもある。

牧師という生き方

2018年8月1日　発行

著　者　野田　秀

印刷製本　シナノ印刷株式会社

発　行　いのちのことば社

〒164-0001 東京都中野区中野2-1-5
電話 03-5341-6922（編集）
03-5341-6920（営業）
FAX03-5341-6921
e-mail:support@wlpm.or.jp
http://www.wlpm.or.jp/

ISBN 978-4-264-03911-2